世间所有的
无眠

都是因为
睡错了风景

夏雨清·主编

ZHEJIANG UNIVERSITY PRESS
浙江大学出版社

世界那么大

我把惊喜都存这里了

扫一扫
领取50元民宿消费抵价券

RECOMMENDATION

推荐序

　　此时的我坐在尼斯老城一家民宿的窗前，窗外是高高低低的橘色屋檐，烟囱上方不时有飞鸟掠过。

　　来了几天，眼睛适应了普罗旺斯的色彩斑斓，小公寓的厨房里也堆满食物。从一个外乡游客，到学习去做一个当地人，也只用了心动的几秒钟。

　　忘记了从几时接触到民宿这个词，只知道从那时开始，但凡见到爱不释手的风景，就会想到民宿，关联着一百个不肯走的贪心。集市上操着当地语言的叫卖声，阳光晒到书桌上的倒影，怎么都看不够，所以就做一间民宿吧，把生活的一部分留下来。

　　就像和松阳的一见如故，只是开车回家途径的一个歇脚处，却被山里层层叠叠的竹林和绕在云里的村庄勾住了魂儿。景色是流动的，但要造一个房间去安放视线。老房子有粗糙的魅力，但要让它兼具舒适和安全感。于是一遍一遍地去，一寸一寸地琢磨，终于迎来了第一家民宿——飞莺集的开业。

也是从这个地方开始，我越来越多地关注起那些美好的去处，越来越多地做梦，要找到能把自己的意志放进去的居所。中卫、留坝，这样一个个陌生的名字，不久以后也变得再熟悉不过。

身为一个旅行上瘾者，我太明白那种要走出去的冲动。世界辽阔，每一份新鲜的未知，每一个迷人的幻想，都在勾引人出走；而旅行又那么残酷，它让你突然认清了自己在这颗星球上的渺小，发现生命的旅程总要面临告别和孤独。

民宿大概是我用来对抗孤独的据点。再大的世界，也可以有自己的一片小角落。精心栽培，仔细打点，再把自己的执念和偏爱一点点放进去。

说到执念，那真是再任性不过的事。有人说我能拥有去旅行的自由已经很幸运，那么看见一处喜爱的风景就要留下来，这简直就任性到无法无天了。然而如果不是倚仗这份任性，又有谁会替你去寻找自己的价值，找到自己在这个庞大星球上的位置？

就像每次看见一个堆满主人收藏品的屋子，我都会觉得感动。被收藏的不只是一件件的物品，是事件，是记忆，是存在的痕迹。哪怕最终不知会流落何方，它们还是被用力地保存下来，扮演自己在时间长河里的角色。房子也是一样，每一个房间都不只是用来歇脚的，它们存放的是一段时间，是在这个房间住过的人独一无二的生命印记。

　　所以我对旅行最好的记录，就是在爱不释手的地方找一所房子，把那一段的生命印记放进去，然后等待一个趣味相同的人，来分享我的喜好。

富拉小姐

PREFACE

自 序

我们为什么热爱民宿

我们为什么热爱民宿?

在回答这个问题前,我想先说:借宿为什么要做"中国民宿榜"?

这个答案,我在2017年4月16日"时间的灰烬:中国民宿榜&行业趋势发布会"上专门说过:

> 我今天站在这里,将得罪很多人。今天以后,曾经的朋友也许会形同陌路。
>
> 因为,我们做了这个榜单。

你会发现，许多有名的民宿，都不在我们这个榜单上。

这不是我的错。

我错就错在给中国民宿做了个排名。

这个排名不是我拍脑袋想出来的。为了这个榜单，我们耗费了无数的心力。看看这些数字，就可以猜出一二了：

180天。

13省。

56个县市。

279个乡村。

寻访1200家被提名民宿，

再筛选出100家入围民宿。

我们邀请了全国各地200名业内知名人士，构成史上最强民宿评审团。

他们分为三个类别：资深民宿客，也就是住过十几家甚至更多家民宿的人；民宿践行者，也就是民宿的主人，他们是住民宿最多的人；生活旅行媒体人士，那些采访过、体验过很多民宿的人。

他们的共同特征，就是睡过很多民宿。

爱不爱，睡过才知道。

所以，他们是最有发言权的。

你也许会问，民宿主人参与打分，会不会给自家民宿打高分？这种事不会发生。我们有严格的内部评分标准，他们不能给自己评分，即使评了，也会作废。

还有人会问，这些民宿主人在评审时会不会串通，相互打高分？我觉得也绝无可能。首先，评审团阵容是不公开的，他们相互之间不知道。另外，我查看了评分，发现民宿主人还是很毒的，在三个类别的评审中，他们的评分最低，也最精准。所有的最低分都是他们贡献的。

其实，他们早就看着别人家的民宿"不顺眼"了。

那么，我们是如何判断一家民宿好不好的？

一家好民宿应该是什么样的？

我们从多个维度来打分，这些维度又分裂出很多细项，像自然的风景、人为的设计、主观的服务，具体的如在地产品和线路开发，抽象的乃至主人的文化涵养，都在其列。有一些细到极致，比如窗帘的遮光度、热水的响应时间、房间的隔音效果，都可以决定一家民宿是否被客人热爱。

一共32项，我看着都头晕。

但好民宿就是这样，要给你一种全方位的美好体验。

光有这么多维度还不够，我们还以三级权重来区分。

有评审团，有这么多维度，有三级权重还不行，我们还为这100家进入初选名单的民宿，购买了许多第三方数据，比如用微信上的多种数据来判断一家民宿的传播力和活跃度，再引入OTA的评分和评论体系来评判用户满意度。

从微信中的数据来看，浙江松阳的过云山居是传播率最高的，过去一年（2016—2017）有1765篇文章写它，涉及905个公众号，其中原创156篇，阅读量在10万次以上的文章有14篇。

浙江莫干山的大乐之野，紧随其后。报道总篇数1511，涉及741个公众号，其中原创72篇，阅读量在10万次以上的有8篇。

单纯靠第三方数据，也很难正确判断一家民宿的好坏。北方地区，像北京周边，好民宿稀缺，但媒体资源丰富，往往一家民宿出来后媒体传播力很强，阅读量达到10万次以上是家常便饭，但品质太差，在评审打分环节落后太多，有些就未能进入TOP 50。

我个人感觉北方的一些网红民宿，还停留在早先的客栈阶段。

所以，某种意义上北方庞大的市场还是一片空白。

说了这么多，我是想说，我们做的"中国民宿榜"，是一份力求公正的榜单，所有上榜的民宿都值得被珍惜，被热爱。

回到原点。

我们为什么要做"中国民宿榜"？

因为，好民宿就该家喻户晓。

这几年民宿看起来很热，但知道的人、接受的人和乐于尝试的人，依然太少。

我们希望吸引更多的人来体验民宿。

这也是我们推出"中国民宿榜"的初衷。

200名评审人员，多个维度，三级权重，加上第三方数据，我们对这100家入选民宿进行打分，得分前五十者，进入本次"中国民宿榜"TOP 50。

排在最前面的十名，就成为年度十佳民宿。

这本书的根基是2017"中国民宿榜"的TOP 50，一年之后，我们从中选出28家，编辑成本书，可谓精选中的精选。

我们觉得这是一些不会让你失望的民宿——这句话也和所有入选民宿共勉。

在OTA上，你找不到好民宿。因为被各种佣金梯度和排名淹没了。

在某些热门旅行地，当一家民宿愿意拿出60％佣金给OTA，把收益寄托在"其他收入"上，你会遭遇什么？

所以，住民宿有时会是一种历险。

我们一直想让民宿变简单：只要足够美好，就能被人热爱。

更想让住民宿变得简单：随手拿一份名单，"按图索骥"就行了。

因此，我们做了"中国民宿榜"，并将延续，试图为那些好民宿摇旗呐喊。

创办了"借宿严选"，以实地体验来筛选我们认为美好的民宿，无论它地处何方。

那么，我们为什么热爱民宿？

因为民宿值得热爱。

好民宿就是家以外的家，会带给你一段美好的旅程，一个值得回忆良久的假期。

夏雨清

目录
CONTENTS

NIGHT 01

云南——

松赞·茨中山居

这里曾是一片汪洋，当海浪渐次退去，山脉慢慢升起，演绎着所谓的沧海桑田。

在这片绿色丰饶的河谷地带，几个村子错落地点缀其间……
茨中的美是恬静的，是如同山泉一样汩汩流入内心的。

浸在玫瑰蜜的甜香中，这里诸神和睦

看得见的沧海桑田

松赞之旅的第一站是塔城。拐过金沙江第一弯，道路左侧是丽江，右侧是香格里拉。油菜花和桃花铺满了山间，云成朵地浮在空中，我们可以从不同角度把玉龙雪山看个够。车在横断山脉中穿行，茨中是此行的第二站。

先前见惯了的江浙山水是精致的、仔细描摹过的，于是我们突然被西南山区大刀阔斧的高山峡谷震慑住了。越原始的土地越能凸显大自然的风云变幻，可以想见，这里曾是一片汪洋，当海浪渐次退去，山脉慢慢升起，演绎着所谓的沧海桑田。

四川、西藏、云南交界处不到 60 千米的距离内，竟容纳了四列山脉和三条河流比肩同行。也正因为如此，我们的旅途基本上就是沿着河流，在不同海拔的山间穿行。从塔城到茨中，脚边是奔腾的澜沧江。

循着西方传教士的足迹

穿过 4000 米长的隧道，就能看见松赞·茨中山居了，它的背后是巍峨的碧罗雪山。很多人从丽江乘车经维西到德钦茨中，徒步翻越碧罗雪山到贡山的迪马洛，曾经这是两地百姓来往的人马驿道，现在也还能寻见西方传教士和植物猎人留下的痕迹。

众所周知，松赞·茨中山居选址刁钻，酒店所在的位置也是架摄影机的最佳位置——视野极佳。松赞绿谷面前就是拉姆央错湖和松赞林寺，松赞·梅里山居的窗装着日照金山，但松赞·茨中山居却成了最受外国人喜欢的一家酒店，这个地方的神奇之处究竟在哪里？

茨中，被誉为诸神和睦的小香格里拉，有大大小小五个村子，藏族、汉族、纳西族、傈僳族聚居在此。几百年前，藏传佛教沿着茶马古道传入了云南；100 多年前，西方传教士带着《圣经》与葡萄籽也来到这里，藏传佛教与天主教在这里奇妙地融合了。

行驶过横跨在澜沧江上的大桥便可以看见茨中的全貌，在这片绿色丰饶的河谷地带，几个村子错落地点缀其间，风马旗在风中猎猎作响，远处的茨中教堂静静矗立着。很多美是波澜壮阔的，山川湖海，雪山草原，只要看一眼就是长久的挂念；而茨中的美则是恬静的，是如同山泉一样汩汩流入内心的。

茨中的异域风情

在这里，随处可见藏式的碉楼，但缓坡上却是成片的葡萄园。100 多年前，法国传教士翻山越岭带来的不只是《圣经》，还有葡萄籽和独特的酿造技术。在法国已经绝迹的玫瑰蜜在异域得以延续，很多外国友人远道而来，就为了尝这一口令人魂牵梦萦的味道。村民们家家户户种植的葡萄也成了藏秘干红的主要原料。时至今日，茨中教堂里还保存着 100 多年前酿造葡萄酒所用的器皿。

沿着村里的小路往深处走，就能看见松赞·茨中山居石头外墙的房子。仍然是松赞的藏式风格，但进入室内就会发现，设计师早已不动声色地在屋子里布满了欧式元素。餐厅使用的欧式餐具、烛台，皮质的沙发，装饰上随处可见欧式繁复花纹，餐厅外的长露台上摆放着的桌椅……坐在这里看着窗外的葡萄园，任凭鼻尖碰触玫瑰蜜的味道，想象着遥远国度的风情，喝到微醺再回房安睡，梦里不知是他乡还是故土。

不远处就是茨中教堂，每逢周日都能看到来做礼拜的村民。信仰佛教与信仰天主教的人们在这里和谐地生活了上百年，哥特式的建筑融合了藏式建筑的特点，在百年风雨的洗礼下，留下了历史的痕迹。

茨中教堂

离香格里拉近一点，再近一点

教堂红色的门虚掩着，两侧贴着对联：乃水其清乃玉其洁，如剑之利如镜之明。主楼在院子的正中央，院子里有两棵高大的棕榈树，让人恍惚中还以为身在热带。教堂的内顶上绘着藏式的日月星辰图案，阳光从圆窗中射进来，令人有种奇异的感动。在喧嚣和充满纷争的世界里，有一个地方竟如此安宁，不同的神明都可以和睦相处，来自法国的传教士历经了怎样的艰辛，这里的人们内心又是怎样的纯净与包容。

神父有着想象中的平和面容，带着陌生的远方来客参观教堂，将百年前的故事讲给更多的人听。葡萄园里的两棵树和教堂一同成长，树下长眠着缔造传奇的两位神父。碑上刻着：生于法兰西国，卒于公元 1920 年。

詹姆斯·希尔顿的《失去的地平线》一书中不仅描绘了香格里拉，也塑造了法国传教士佩罗这一人物形象，眼前的一切仿佛是对书中故事的最佳印证。松赞·茨中山居的创始人白玛多吉曾说，建造山居是为了离香格里拉更近一些。

除了神圣的雪山和寺院，在百年历史中历经斗争与和平、如今笼罩在安宁和睦的氛围里的松赞·茨中山居，或许是我们通往香格里拉的又一条通道。

松赞·茨中山居

地址｜云南省迪庆藏族自治州德钦县燕门乡茨中村

电话｜400-0000-830

高分项（满分100分，后同）

灯控（90.0），温湿度（92.5），早餐（90.0），
餐饮（95.0），本地产品开发（95.0），
本地线路开发（97.5），人文关系（97.5），
文化挖掘与推广（97.5），区域影响（97.5），
主人魅力（95.0），客房摆设（87.5），
独立的视觉系统（90.0）

NIGHT 02

莫干山——
西坡

躺在西坡的旧时光里，看星空浩繁

大概没有人不爱那些有着宽大露台、庭院以及整扇落地窗的屋子吧。

西坡是一个传说，除了无数游客的推荐，连曾经红遍大江南北的过云山居的女主人廖敏智也说，自己之所以想要开民宿，就是因为去了一趟西坡。

住在那里的每一刻都忍不住想要对着窗户发呆。西坡的窗户实在是开得太巧妙了，永远框住目光所及之处最美的一幕：竹海、山坡、茶园……

通往西坡的路特别险峻：穿过莫干山镇，蜿蜒的山路两旁是漫山遍野的竹林和稻田，人工挖掘的劳岭隧道曾经是山里居民通往外界的唯一出路，而西坡，就在隧道的另一头。

在西坡，村庄、稻田、牧场、莫干山古道、山顶的老别墅，它们都不是景点，是邻居、庭院和自家窗外的日常。

修旧如旧，家还是家

西坡的全名是"西坡山乡度假酒店"。主人钱继良，村民都叫他老钱。从一个身处大城市、每天全身名牌出行的金融男变成村民老钱，他说："走了很多地方，偏偏喜欢这里，就像谈恋爱一样，说不出为什么，心里却认定了就是它。"

在西坡，你会住在玉家家、康敏家，或是老康家、海根家，而不是101室、102室或行政套房、总统套房。被改建之前的房屋是谁家的，就还以他家的名字命名。就连西坡这个名字，也是在老房改造的现场，出自一位泥瓦匠的建议：这屋子正好在莫干山的西面，就叫西坡吧。

西坡的7幢老房子都依原有的乡村老建筑改造而成，老钱只有一个信念：不要拆。每幢老房子都是某个人的老家，承载着村落的变迁和主人的生活。拆了，还怎么回家呢？

每幢老建筑都有着自己的建筑年代，建筑方式和风格都不同，西坡在改造时，遵从山乡建筑原有的风格，保留了岁月的痕迹，让它与周遭的自然环境及村落的其他建筑和谐共存。在材料上，旧瓦、旧木材、夯土、竹子、老砖这些简单的本土元素是首要选择。

如今，西坡老房子的主人们依旧生活在村子里，与西坡保持着亲密的关系。西坡的三餐都是一位笑容特别灿烂的阿姨做的，她也是其中一幢老房子的主人。

外地亲友来的时候，她会骄傲地一指：看，那是我家，漂亮吧！

老钱说，山乡其实很好，这些保留了时代元素的老建筑正是创新的土壤。经过以旧复旧的改造，老房子的美好细节和特色更清晰地展示了出来，斑驳的墙面、老旧的屋瓦，如同大树的年轮，记载和诉说着故乡往事。

老房子里的山乡生活

西坡的每一个客厅都特别宽敞，特别暖。暖来自大壁炉，也来自各种体贴的细节。自然光透过观景大窗照进主厅，围绕着宽大的沙发群，四周分布着厨房、休息区、壁炉区，用实木家具、织纹布艺、旧木或者水磨石地板和牛皮地毯装饰得温馨无比。

客厅里的每扇窗也都是一幅画，在这里完全不会想看电视，只要看着窗外，就足够了。

客厅的陈设自然又随意，充满朴实的热情：作为花器的废弃酒瓶里插着当日采集的新鲜野花；若有若无的音乐舒缓随意；厨房里各色厨具一应俱全，保温杯里泡着柠檬水，超大的果盘里盛满水果，吃完还可以续盘。

在客厅这样一个有温度的聚会空间，水果、杂志、啤酒都放在触手可及的地方，壁炉里噼啪噼啪地响着木材爆裂的声音。在这种环境下，人无论聊什么，都会很开心。

无论你是趿拉着拖鞋在院里散步，还是穿着睡衣在客厅里聊天，心情都会轻松自如好似在家。客厅和院子都用绿植和石墙与外界做了巧妙隔断，所以无论你是喝着白粥看竹林摇曳，还是在沙发上躺成一个"大"字看书，都随心所欲。

房间里的书桌前也是一幅"油画"，画太美，很容易让人走神。床边也有画，是要来一幅"满目葱绿"还是"漫山雪白"都随你。在画边醒来是不会有"起床气"这件事的。

睡前点心也非常贴心，午夜梦回的时候，点心就放在床头，一伸手就能温暖你的胃。

他们陪你，好好玩

在西坡，除了想打包带走墙上的"画"，住客最想打包的就是管家了。每个"家"都有一个多才多艺的"万能管家"，他们自带不同的奇特技能，"功夫管家""户外生存管家""本地通管家"……除了带你玩，还会告诉你怎么玩更开心。一不留神，他们就比你玩得还要"疯"。只有热爱生活的人才能创造更多的欢乐。

穿越一个村庄或田野，古道骑行，为晚饭找一盘笋，去村里的"年猪饭"

山林慢宴

蹭肉吃，在田间放风筝……除了漫山遍野地玩，那个在院子里喊你下楼吃饭的也是管家，临走时一个劲儿往你手里塞水果、点心的还是他。

西坡最大的特点就是浓浓的人情味和归属感，这种情感不是来自周到的服务，而是来自心意。西坡开业五年，很多人来了十几次，对他们来说，这里更像是一个在别处的家，有熟悉的一切，还有一个等他们回来的人。

人回来了，温暖就来了。

西 坡

地址｜浙江省湖州市德清县莫干山镇劳岭村岭坑里

电话｜0572－8830666

高分项

早餐（90.0），客房摆设（90.0），
管家服务（92.7），区域影响（98.2）

宅在西湖边最美的山路上

杭州最美的山路在哪里？西湖以南，满觉陇。

阳春三月，春风一度，山路之上的桃花，开了千树万树。

仲夏七月，绿树浓荫，蝉鸣悦耳，城中的喧嚣拥挤，像是另一个时空的事。

金秋十月，桂雨遍地，人们扫了去做糖桂花，整座山里的空气都是甜的。

隆冬十二月，水始冰，地始冻，大雪之后的满觉陇，奇幻如梦境。

山舍，就在西湖边这条最美的山路上。

这里的世界永远都是透亮的

走近了去看，山舍门前的地上一片落英，不忍心踩，但也躲不开。

一楼是一间咖啡馆，在浓郁的花香中，弥漫着咖啡香。选个窗边位置坐下，一直到傍晚，暖暖的夕阳洒在对面山坡的树林之上。

为音乐而生的 Marshall 音箱 2014 年款，是复古造型，以摇滚音乐的黄金

岁月为设计灵感。木质家具和皮质沙发来自 Solife，台灯这样的老物件来自无尘车间，有一块天花板是用旧皮箱镶嵌而成，带着硬朗的工业风。店里的植物由 The 23 Lab 负责植栽。

在吧台里忙着的宛君是个皮肤白得发亮，笑起来甜极了的女生。

故事并没有什么特别，她和先生原先都是魔都的上班族，数次来杭州玩，一次比一次爱，一次比一次不想离开。于是他们就在满觉陇遍寻好房子，最终选中了这三幢挨在一起的民宅，租了下来。

之后，他们花了一年半的时间，改造出 15 个房间和一个咖啡馆，认认真真地打理起这家温暖的小酒店。他们叫它山舍，就是简简单单的"山中有舍"的意思。设计山舍的，是设计出"蜜桃小院"和"31 间·虚谷 hugo"的设计师张健。

于山舍来说，关键词大概就是明媚与舒缓，在这里世界永远都是透亮的，连一丝惆怅都没有。看似随意凿开的门洞，一头是客厅，一头是吧台，上了岁数的花砖很耐看。

此情此景，就是在一个理想中的下午：把家里打扫清爽，让阳光敞亮地充满屋子，然后坐在桌边，喝一杯咖啡。

这个家，舒服、好看

山舍带有设计师张健明显的个人风格：不经打磨的门框、错落的空间、工业风的灯具。

咖啡馆之外连着一个露台，是看景色的最佳选择，一年四季总是很难占座。

这里的 15 间客房，最小的房间有 18 平方米，最大的房间有 28 平方米。你很难挑出一间风景不好的，每一扇窗子看出去，都是一幅山景美图。

老木头柜子、墙上特意留出的一痕水泥，就是最低调的腔调。温暖的灯光点亮了整个空间，让白墙与原木色家具，也有了更温暖的质感。

深夜，窗外大雪纷飞，而此时，最动人的情话就是：里厢有暖气。

这里还有温暖而贴心的家人

打理山舍的这群小伙伴，有着不一样的个性，有的活泼，有的内敛，但都温和爱笑。那种舒服的气场，罩住了这里的每个人，很奇妙，你会发现从主人到客人，气质都如此统一。

每一个眷恋着这里的人都用镜头和笔，记录了在山舍的暖暖时光。

女孩 Eakey Pan 这样描述这种感觉："当你对一个地方产生了特别的情感

时，整个磁场都会随之发生改变，好像恋爱时，两人在人群中对视了一眼，彼此会心一笑，就仿佛拥有了天大的秘密。"

　　这就是山舍，疲惫时想去，开心时想去，特别忙碌或者特别无所事事时，也想去。像是说了一堆"废话"，所谓真爱，就是这样子吧。

　　你来了，推开家门，这个家舒服、好看，还有温暖而贴心的家人。

山 舍

地址｜浙江省杭州市西湖风景区上满觉陇19号
电话｜0571-87221970

高分项

早餐（88.5），客房摆设（87.5），
舒适度（87.5），整洁度（94.5）

NIGHT 04

温州——

墟里

依依墟里烟，暖暖有人家

住在乡下，让人觉得时间的间隙被放大了。

循着梯田走"田坎路"，油菜花、杜鹃、野蔷薇、绣球、鸢尾，还有很多不知名的野花次第登场。遇见青蛙、田鱼、蜻蜓，接着就迷路了。

萤火虫的点点暖光在树林间游移。拿灯光一照，路边的青蛙就定住了。举目观看，漫天的星星密得像要掉下来。

自己做桃花酒、杨梅酒，包粽子、腌酸菜，学做索面、打稻谷，教孩子们挖棉菜（鼠曲草）、包青团，列野菜图谱，做村民日历。

这，就是墟里的生活。

"嬉皮贵族" 后人的隐居生活

永嘉，蓬溪村，这里是"嬉皮贵族"谢灵运后人的聚居地。旧时王谢堂前燕，谢家的后人就隐居在这乡村山水间。

村口有路亭、古樟。江南人记忆里的家园，总会有数人合抱的大樟树，在溪边苍然而立，亭亭如盖，往来行人在树下歇脚，村民在这里闲话家常、乘凉、听戏。

沿着溪流往村里走，日光斜照，绿山翠谷间，风吹麦浪，满地是红色的野草莓、紫色的蒲公英。乡间小儿女眼神发亮，自在快活，野小子们刨地挖蚯蚓，自制钓竿。经过蛮石垒墙，木石结构的老屋，院里飘出柚子花香，路边晒着索面和各种菜干。

至山坳尽头，溪水的上游，夹岸皆峭壁，忽见一自由开阔、豁达活泼的白色大屋，便是墟里贰号，小熊家的老屋。

安在山野深处的家

南边可见清流涨小溪，北边可闻鸟语满山间，西边可安坐吃茶，东边是自家花园，草木葳蕤。

设计师姚量与小熊二度合作，保留了小熊家这幢老屋的骨架，青瓦白墙，设有三间客房，一个开放式厨房。

2017年，墟里壹号还没正式开业，凭借几张美图就一次次刷爆微信朋友圈，被媒体称为"有温度的民宿"，之后房间长期被订满，一房难求。

墟里壹号和贰号都藏在温州永嘉的山野深处，不过，壹号高居云上，视野开阔；贰号则是倚溪而立，更显清凉。

十多年前，熊爸从山上挖来的那株野蔷薇，如今已经长成了巨大的卷帘门。半嘉蔷薇一园春，风一撩，蔷薇卷帘就飞起片片落英。从喧嚣扰攘处逃出来的人需要一点安慰与温柔，这株硕大的蔷薇树有一种让人安静下来的魔力。

带着温情回忆的庭院，被姚量大刀阔斧辟出了一间大阳光房做客厅。玻璃天窗以舒朗的楠竹作为隔断：夏天，阳光透过竹子洒下斑驳的影像；冬天，楠竹隔断会滑向一侧，暖阳直接洒到客厅。夜间，透过天窗可以看见星星。客厅三面皆景，连呼吸都是绿色的。

半嘉蔷薇一园春，风一撩，
蔷薇卷帘就飞起片片落英。

　　地板和家具有来自楠溪江古老村落里的旧木，也有用北方淘来的榆木门板
改制而成的，人踩在有岁月的木地板上，温暖踏实。
　　阁楼大床有一侧山石在枕边，尤其浪漫。

但愿人长久，千里共婵娟

东边的庭院，有一棵熊爸当年从村里乡邻处讨来种下的桂花树，小熊少年时，每到中秋，一家人都是在这里围坐赏月的。

主人小熊说："这房子，是有温度、有情感的，是爸爸给我的礼物，也是我给爸爸的礼物。"

"我小时候很崇拜爸爸，看他神奇地把别人报废的电视机、摩托车捣饬好，还能开当年比法拉利还拉风的摩托车载着我到处兜风。年节，爸爸带我回永嘉乡下的老家，亲友们总是把好吃的东西留起来给我。在我去欧洲游学，离家越来越远时，故乡的草木人情，常常浮现在我的脑海。回忆往事，才发现血液里那份乡情始终在呼唤着我。"

小熊说，自己在欧洲八成的时间都是从这个村庄住到那个村庄，一住就是好几个月，那种妈妈做的菜的味道，那种乡间的安静、平和、温暖和洁净，令她思乡情切。故土犹在，为什么不在故乡给父母盖一幢明朗温暖的房子呢？

"现在，我做到了。

"我希望来这里的住客也是一家人，就像来我家做客。不过中秋节和春节，一定会先留给自家人。自己有对家的眷恋和爱，才能和客人分享像家一样温暖的民宿。"

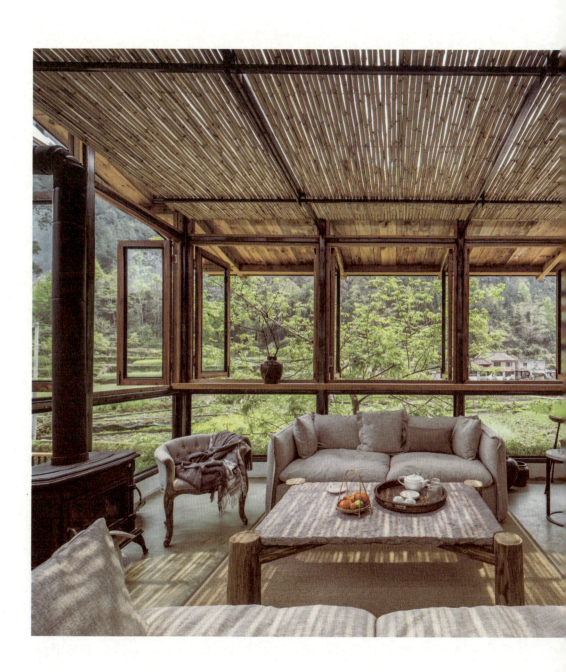

墟　里

地址｜浙江省温州市永嘉县鹤盛镇蓬溪一村
电话｜18858851097 / 15067805595

高分项

室内设计感（95.0），客户满意度（91.9），
早餐（90.0），客房摆设（88.3）

莫干山——

大乐之野

最浪漫的事，就是和你在星月当空的露台上跳一支舞

"即使你用成千上万的文字去描述一家山间民宿的美好，也不及这四个字——大乐之野。"

大乐之野在碧坞龙潭，是莫干山南麓一处"被遗弃"的景区。"被遗弃"的意思是，现在去玩不收门票了。景区里有山野，有竹林，有溪流，有瀑布，有果树，有各种好看的山花野草，最棒的当然是游客稀少。

自 2015 年春天起，来大乐之野已经有十几次，每次来都看到管家们带着客人在玩——户外瑜伽、小型婚礼、泳池派对、咖啡馆的手冲比赛、溪边下午茶、露台烤羊腿、捉萤火虫、看雪景……快一整年了，每次都不重样。

被遗忘的美好之地

2013 年年初，吉晓祥开始往莫干山上跑，寻找合适的度假之地。他喜欢王小波的一句话：一个人只拥有此生此世是不够的，他还应该拥有诗意的世界。因为这句话，吉晓祥和大学同学杨默涵跑到了山里，开起了民宿。

他们到了莫干山深处的碧坞村，在村中漫步。在那个大雪初霁的冬日里，他们无意中踏进了一个开阔的院子。两人同时脱口而出：就是它。

太阳照在院子里，一个老人在阳光下打着盹，背后是一幢破旧的老屋。房前是一脉不远不近的山、溪水和白雪装点的竹林。

后来的故事你们一定猜到了：他们租下了那一幢房子，也就是现在的大乐之野 1 号楼。他们放弃了在上海的事业编制的工作和按部就班的中产生活，扎进山里摸爬滚打。

大乐之野这个名字，是吉晓祥从《山海经》里翻出来的。在书中，大乐之野被描绘成上古时代的一片广袤之地，那里森林密布，山美水美，后被天帝封闭，意为被遗忘的美好之地。后来，他们还给了它一个英文名，更加简单而直击人心——Lost。

大乐之野 2 号楼

约三五好友，看茶事光影

最近一次去大乐之野，村子里依旧阡陌交通、鸡犬相闻。竹林里的樱桃树和红豆杉精神抖擞，沿着小溪从村口往上走，看得见大乐之野的几幢小别墅错落有致地隐在竹林后。

每幢小楼最迷人的气质就在于，它亲切得像是你某个设计师朋友的别院。最棒的是，主人不在家，整幢小楼都归你所有。所以大乐之野的正确"打开方式"是，约上三五好友，包下一幢楼，作天作地。

1号楼的房间，取名谷雨、小满、白露、小寒……

2号楼面前有一棵千年红豆杉，在露台上喝杯茶，最是安静无扰。

3号楼在深秋时伴着窗外的红枫，但其实无论是哪个季节临窗而坐，你都可以发一下午的呆。3号楼的"隐藏菜单"在楼顶，那里有一个视野极佳的露台，可以把方圆几百里的竹海都看遍，晨起日出，黄昏日落，午夜星空。

5号楼是Loft风格的客房，适合亲子和情侣入住。一楼的客厅，被布置成一个小小的儿童乐园，有了它，再也不怕熊孩子到处乱跑了。

大乐之野 5 号楼

偶遇的惊喜，是计划外的度假别墅

6号楼，别名"莫问"，所谓"世事纷纷莫问，梦里长念山间"。

这幢小楼来得莫名其妙，几个任性的设计师客人来大乐之野住了几次后，喜欢此间的风景和慢悠悠的生活，转身便租下了隔壁的一幢民宅，劳心劳力地画图纸、装修、买家具，将之布置成完美的度假别墅之后，又交到了大乐之野的手上：喏，邻居一场，也帮我们一块儿管理了吧。

6号楼保留了老房子的外观，传统厚实的大门、木椅、木梁结构也都在。一楼是客厅，宽敞到感觉可以邀请整个村子的人来开派对。四间房都有独立的露台，楼上的景色尤其好，隔着一条小溪就是竹海，白天赏竹赏溪，晚上看星看月。

西式中岛的大厨房里，器具一应俱全。推开厨房的落地门，外面是一个小菜园子，小青菜、辣椒、葱，随吃随摘。

大乐之野 6 号楼

大乐之野 6 号楼

Lost Cafe

等一杯山里来的咖啡

在大乐之野，可不只是"住住而已"，Lost Cafe 是大乐之野的咖啡馆，是由一间猪舍改建而来。

这里有莫干山最好喝的咖啡，还提供独一无二的咖啡学堂体验课。

Wilds Bar & Restaurant 是餐厅，也是前台，月上柳梢的时候，还是安静的小酒吧。

春光正盛，破土而出的，竹林放养的，都到了最好吃的时节，你什么时候来？

大乐之野·碧坞店

地址｜浙江省湖州市德清县莫干山碧坞村
电话｜0572-8028800

高分项

曝光度（100.0），遮光度（83.6），区域影响（93.6）

NIGHT 06

松阳——

过云山居

坐在过云的阳台，等过云雨扑面而来

过云山居，远在深山，却永远客满。自 2015 年 8 月正式开业，它的前三个月入住率达 98%；即使在淡季，它的入住率也在 95% 以上；春节，它一直爆满；春暖花开，它依旧很忙。

奇怪吗？我却不觉得。因为只要来过一次，便会想拉着管家小兰好好唠一唠："那个，下个月哪几天还有房啊，要不我先订了吧。"

去村里开家浪漫的小酒店吧

浙南山区，松阳县西坑村。

从远处看，这个小村落的形状是一颗心。在这个海拔 600 多米的村落里，古驿道穿村而过，参天古树在驿道一旁，静静地伸展开它巨大的树冠。

村里保留着 21 幢清代古民居，还有祠堂、石巷和夯土老宅，檐下挂着草药，鹅卵石路起起落落。村子的一角有两间旧屋，视野奇佳，门前就是一领 V 字形大峡谷，了无遮挡。

三个苏州的年轻人来到这里，爱上了这片云海。他们花了一年时间，把这两幢旧屋改成了一家只有八间房的民宿，他们叫它"过云山居"。

女主人廖敏智，苏州人，在风景里盖一所自己的房子，一直是她的梦想。

某次，她和初中同学瓶子、超骏聚会，在旅游杂志工作了十几年的瓶子，用一顿饭的工夫，为他们科普了一下松阳这个隐藏着最美古村落的江南小城。瓶子说："不如我们去那里找一处村子，开一间浪漫的小酒店吧。"

在松阳，他们三人走访了几十个古村落，才遇到西坑村。只是第一眼的打量，他们就同时爱上了这里。

坐看云卷云舒

旧址上的老屋是砖木结构，内部封闭不通透，辜负了近在咫尺的云海。敏智把一楼的空间全部打通，面朝云海的那堵墙，用大幅的落地玻璃窗代替，借景入室。

靠窗的榻榻米是三组独立茶席，此处喝茶发呆最佳。从上海请来的大厨，每天用当季的松阳食材奉上创意法餐。

两幢房子，一共只做了8个房间，名字从一朵、二朵、三朵一直数到八朵，就是白云朵朵的意思。

每间房都有坐看云海的大露台，无须踮脚、找角度，或是隔着别家屋顶，山就毫无保留地展开在你眼前。在这里坐一下午，看云起云落，觉得自己仿佛是神仙。

来过，便留在心里

一朵、四朵和八朵除了有完美视野，还有超大浴缸，面朝山谷。

户外有两处露台，一处进门可见，留了一面夯土墙做云海的玄关。

　　另一处露台大且开阔，原本是山体斜坡，搭建后凌驾在海拔 650 米之上，与云比肩。只需一顶滑翔伞，就能飞跃竹林和梯田，一直飞到峡谷尽头的松阳县城。

　　露台延伸部分是户外活动区域，保留了斜坡上的几棵老银杏树，秋日黄叶铺地，在树下饮茶、玩耍，都是风景。

　　冬日漫山银白，很多客人宁可哆哆嗦嗦咬着牙，也要出来看美景。

　　过云山居迎来了它的又一个春天，秋天来过的客人，冬天来过的客人，又纷纷地回来了。还有初次谋面就爱上这里的人，也不舍得离开如此美景。过云山居的一年四季，看来都会这么忙。

过云山居

地址｜浙江省丽水市松阳县四都乡西坑村

电话｜0578-8801888

高分项

区域影响（97.5），曝光度（100.0），品牌战略（92.5）

NIGHT 07

黄山——

猪栏酒吧

白墙黑瓦青砖，一晃梦回徽州

　　"居于乡野是没有时间的概念的，你能感受到的是四季的交替，年复一年，日复一日，不断的阴晴圆缺和日月星辰，你来我往，相持对视。"

藏在山里的名人堂

　　除了巨星朱丽叶·比诺什之外，还有许多大咖也来过这里，比如久石让以及国内外一线到十八线的各路明星；美国、法国、瑞士等国的大使也曾携家带口来玩。

　　这家躲在黄山脚下村落之中的乡村客栈还获得过猫途鹰（TripAdvisor）全球最高奖——卓越奖，被写入全球最权威的旅游"圣经"《孤独星球》（*Lonely Planet*），法国《费加罗》杂志、英国 *Timeout*、美国《纽约时报》、法国 *HUG magazine* 等都曾对它做过专题报道。

　　2015年，猪栏酒吧入围中国建筑大展近三年来"中国最具责任感的十九

个建筑"，是唯一一个由非专业建筑师、建筑团队打造的项目。从不做宣传却红得发紫，又低调地一言不发。很多人都很好奇，猪栏酒吧究竟藏着什么故事？

从碧山油厂到猪栏酒吧

第一次见猪栏酒吧，是在2015年冬天，我们在日落西山时摸黑进了碧山村。推门进了一间徽式民居，一桌酒菜，满堂宾客，身后壁炉火光融融，温暖得有些不真实。

在猪栏酒吧三五步外就是大片大片的田地，早晨你在阳台上伸懒腰，可以望见更远处层层叠叠的山，冬日的萧瑟让眼前的画面显得尤其素淡。

这里的前身是碧山油厂，改建的两幢老民宅加上一座废弃的榨油厂，诠释了怀旧二字。屋里屋外散落着许多足以让时光倒流几十年甚至上百年的老物件。陶土水壶、腌菜坛子等瓶瓶罐罐里永远插满了田野上随处摘来的小花草，甚至棉花。

猪栏酒吧的一切都按照寒玉理想的家园来布置，从旧货市场淘来的老旧家具、落地灯、画框、沙发，搭配她亲手缝制的桌布、沙发套、窗帘，既美好又温暖。

占地十几亩，花了四年左右的时间才基本修建完毕，猪栏酒吧只做了19

间房，有单间，还有一个由牛棚改成的别墅套房，带前院、后院、阳台，有一张徽式老床、两张单人床。最难得的是室外浴室，天为盖、地为毯，站在青石板上，望着星空洗澡，这该是多么难忘的回忆啊。

和万物一同呼吸

猪栏酒吧的故事关于回归田园，这座由诗人打造的家园与环绕的山川河流气韵相和，没有野心，没有企图，只想回归最简单快乐的生活。

"凡事相信，凡事期待，静下心来和万物一起感受世界！"

院落外有一条山泉小溪，踩着鹅卵石小径过去，那几块整齐的菜地是寒玉的宝贝。还有一处凉亭，坐在那里喝茶，溪对岸的田野山丘相互映衬，是浑然天成的自然与野趣。徒步走在乡间小路上，这里有最纯粹的田园生活，听风、看雨、赏月……

猪栏酒吧回归到真正的皖南乡村，每间房都置于田野之上，都能看到田野风光。身在乡村，口福是额外的甜头，按照四季的馈赠来吃，总能捕捉到大自然的味道。在廊下吃饭，有清风做伴，雀鸟为邻。

因为猪栏酒吧，本地的孩子们经常会遇到金发碧眼的小伙伴，虽然语言不通，但丝毫不影响他们结伴去田野里撒欢。

从没刻意去做宣传，却经常有国外游客拿着杂志或报纸找过来，主人才恍然，咦，××明星什么时候来住过啦？

狗窝酒吧是猪栏酒吧老板开的小餐吧，也藏在村子里，天黑之后，村民偶尔也会来喝一杯，好奇一下异乡人的生活。

猪栏酒吧共有三处，两处在黟县的碧山村，一处在歙县的西递。猪栏一吧藏在西递村一条偏僻的小巷内，是一幢明朝嘉靖年间的老宅，曾经破败到沦为猪栏——这便是猪栏酒吧名字的由来。

若你坐在三楼看蓝天下的白墙黑瓦，一恍惚便梦回古徽州了。

猪栏酒吧

地址 | 安徽省黄山市黟县碧山村碧东（老油厂店）

电话 | 0559-5175555 / 13818975352

高分项

早餐（88.6），人文关系（95.7），文化挖掘与推广（97.1），区域影响（97.1），主人魅力（97.1）

NIGHT 08

大理——

喜林苑

住在老舍笔下，枕着苍山听洱海

我来自美国，但我的家在大理喜洲

背靠苍山，面朝洱海的喜洲，像极了老舍笔下"最体面的小镇"，但这不过是中国成千上万个小镇中的一个。

所以，30 年前，当一个年轻的美国摄影师站在田埂上，说出"我想在这里盖一座桥梁，让世界从这里了解中国"时，全村人都觉得，"这个老外啊，大概是疯了"。

30 年来，他坚持每年邀请全球各地的画家、摄影师来喜洲采风，并致力于扎染、刺绣等白族手工艺活动的推广。怀着好奇，从世界各地而来的人，从一两个渐渐变成一两百万。如今，每年都有世界各地的知名学校派学生来这里进行文化交流，包括奥巴马两个女儿所在的塞维尔友谊学校（Sidwell Friends School）。

"我叫林登·布莱恩，来自美国，但我的家在大理喜洲。我喜欢这个地方，我的邻居是一群可爱善良的白族居民，我家门前还有一大片稻田。"初次见面，林登·布莱恩通常都会这样介绍自己。

这辈子做过的最冒险的事情

20世纪80年代初，林登作为美国哥伦比亚广播公司的摄影记者来到中国。在这里，他遇见了一个美籍华裔留学生女孩。他们成了无话不说的挚友，分享着对中国文化的迷恋。他们情投意合，想在这片古老的土地上安一个家。

他们寻遍了福建的土楼，广州的碉楼，康定的藏族老房子，还去过安徽、贵州……却都没有找到理想的地方。他们就这样一路到了大理喜洲，直到看见这幢三坊一照壁的白族风格的房子。门楼、窗雕、两层的小楼，围栏拢起一个宁静的院落。

他给它取名为"喜林苑"。喜是喜洲的喜，林则来自他自己的名字。

虽然算不上一个热爱冒险的人，但为了建成喜林苑，林登变卖了自己在美国的所有家产。喜林苑是他的梦想，为此，他承担着巨大的风险，也心存担忧："我们只是平民百姓，一旦失败，无路可退。对一个父亲和丈夫来说，这无疑是最大的噩梦。"

他住在父亲的画里

他说："你相信缘分吗？"

把家安在喜洲后的某天，他意外地发现，原来，自己一直住在父亲的画里。

他的父母在芝加哥经营了一家古董店，他小时候天天看的父亲的藏品里自己最喜欢的那幅画，原来画的就是苍山洱海。

这些年，林登最自豪的就是村民们从没有把他当作外来者，因为他有着最亲近土地的姿态，也因此，每个来到喜林苑的人都能切实感受到当地的风土人情。

"喜洲那么美，中国那么美，我希望让更多人知道这一切，如此而已。"

30 年后，这个倔强的美国小伙变成了半个白族大叔，让他乐此不疲的，却还是同一件事。如他所愿的那样，越来越多的人喜欢上了喜洲，说这里是中国最有味道的地方。

其实，他们爱上的，是一望无际的田野，是随风摇曳的碧绿秧苗，是平和美好的田园生活。

"无论走过多少山河，我们都在寻找归途。"月落乌啼，江枫渔火，海上繁花，白云苍狗，都不过是归途中的一幕，而归途或许就在他乡。

喜林苑

地址｜云南省大理市喜洲城北村5号

电话｜0872-2452988

高分项

本地线路开发（88.1），人文关系（95.0），

文化挖掘与推广（96.7），

主人魅力（96.2），客房摆设（87.7）

NIGHT 09

南京——

花迹酒店

在旧时的街角来一场不期而遇

砖缝里有时间流过

你推开老房子二楼的玻璃木窗，会发现黄色的小花爬满红色的砖墙。视线稍稍往下移动，一条古街铺陈开来，青瓦白墙的老房子，像是走进百年前的旧时光。走在古旧小巷子里的青石板上，明清的老建筑和民国的小楼，大概只有在老南京城南才遇得到。

一幢楼墙面斑驳，露出了青砖；另一幢红砖楼阁，小楼轩窗。两个时代的老房子，竟然在这里完美地融合在了一起。第一次看到这两幢相连的老房子，胡守连就在心里暗暗地决定，就是这里了。

明清老宅与民国小楼的奇妙相逢

夫子庙离这里不远，明代老城墙从这里穿过，城南的老门东，是南京最早的老城区。在这里老房子塌了又补，倒了再建，直到现在，都还保留着旧时的样式，明清的老宅、民国的小楼、20 世纪八九十年代的老砖房……

来到老门东之前，胡守连让朋友余平设计了以瓦为主题的茶馆瓦库。那时他的想法很简单，就是为了几个朋友平时有个喝茶聊天的地方。在老门东遇到这两幢不同年代的老建筑后，他又找到了自己的老搭档。

第一次改造明清建筑与民国建筑融为一体的老房子，让余平兴奋了很久。但改造老房子是件难事，尤其还是两幢不同时代的老房子。

沧桑中自有怡然自得

10个月的时间，老房子发生了巨大的变化。东边的明清老宅，保留了它沧桑的原貌。白墙斑驳脱落，露出墙体中的青砖，瓦缝中的青苔……每一样都在诉说着它的过去。

跨入那道仅一人宽的小门，老宅子内却别有洞天。曾经住在这里的一位70多岁的老人说，这里曾经摆放着织造云锦的机器，专门为皇家织造云锦。老旧的木门依次敞开，高挑的木结构屋顶，长满草木的庭院。青石板铺就的地面，中间一口古井依旧冒着甘泉。

回到屋内继续往里走，两边依旧是古宅的样貌，慢慢穿过这条走廊，老宅子的第二个庭院出现在眼前。庭院不大，三面分布着房间，就像是北京的四合院，几户人家共享着一个庭院。

以圆润的墙角、粗犷的炕砖这些元素做媒，让不同年代的房子，交融在一起。两幢老房子中间的走廊，最有水乳交融的感觉。明清老宅的炕砖地面，一直延伸到民国红砖小楼里，将两幢老房子很自然地连接到一起。

和老宅庭院相对的，是民国红砖小楼的花的走廊。红砖的走廊内，地上、窗台上、空中……所有的空间都用花来装饰。

与另一边老宅古旧的风格不同，红砖小楼的餐厅是现代的风格。从老宅中走过来，有炕砖和墙面的连接，很舒服自然地就跨入了这里。红砖房里的楼梯，

在民国红砖小楼
的走廊里，和娇
艳的花朵撞个满
怀，藏匿在隐市
的小巷子中，静
静听花朵开放的
声音。

像是从墙壁和地面延伸出的部分。

两幢小楼相连的地方，有一个空出的平台。摆上一张桌子、几把椅子，便成了一个民国味十足的露台。

红砖为友，繁花为伴

房间里同样使用了简洁的白色，原木的家具让人感觉温润舒服。地板、墙面用木板铺成，和房间外粗犷的炕砖不同，木头的地面给人另一种舒适的感觉。

在不经意间，你会在房间内发现绿色的植物。推开窗，目力所及，满是盛开的鲜花。

胡守连给这里取名"花迹"，是指在繁花簇拥的时光里，看花开的痕迹。在百年老宅的庭院里，花开半夏，举目是岁月斑驳的砖墙。

在民国红砖小楼的走廊里，和娇艳的花朵撞个满怀，藏匿在隐市的小巷子中，静静听花朵开放的声音。

6 年前，胡守连在全国各地跑，每到一个城市都会放慢脚步，探寻城市的角角落落。后来，像是冥冥中注定了一样，在拥挤的城市中让他遇见了这两幢老房子。从此，他整理庭院，遍植花草，隐匿于小巷。

生活是一场不期而遇的美好，繁花盛开的小巷，情不知所起，一往而深。

花迹酒店

地址｜江苏省南京市秦淮区老门东中营52号

电话｜025-87799977 / 15150514600

高分项

交通便利性（88.9），灯控（88.9），
温湿度（86.7）

杭州——

夕霞小筑

厢房装了西湖，躺在断桥枕上

赶上入秋后的第一场暴雨，车子在北山街缓缓地挪动，恰好给足了机会，让人好好欣赏这难得空荡荡的西湖。

一边是开合不定的云团，蔽日的梧桐叶就快要染上秋天的颜色。残荷摇曳中，滴答雨声里，这样的西湖让人心动。

一边是一幢幢近百岁的民国老建筑：北山街38号，赭红色的抱青别墅，三层西式楼房，方形立柱，弧形门窗；32号，坚匏别墅，中式庄园静静地诉说岁月的故事……一幢幢数过去就到了27号，夕霞小筑。

从圆形门洞进来，是一条长长的山径石阶。雨天台阶有些打滑，两边低垂的紫色木槿枝条拂过脸颊。走完104级台阶，车水马龙声早已消失不见。心里"咯噔"一下，真是奇了，在热闹的西湖边上，竟然会有这么清幽的避世小院。

北山街头，宝石山下，北靠栖霞岭路，这里曾是大佛禅寺接待信众的厢房。白墙黑瓦，石台繁花，今晚将要睡在西湖里。

夕霞小筑餐厅

她独爱这小院的春秋与冬夏

夕霞小筑分上下两院，上院又分东西厢房。东厢有 6 间客房，西厢一层为前厅和餐厅，二层是抬梁翘檐的两间上房。

学服装设计出身的雪梨和丈夫在经营夕霞小筑之前，已经在莫干山和南山路先后开了山中小筑和柳湖小筑。每当有人问他们，是如何得到这块风水宝地来做民宿的，雪梨就笑称：是佛祖看到我在对岸种花，心生喜爱，叫我过来的。雪梨爱好广泛，种花养草只是其中之一。在晴好的天气里到来，你就能发现一个开满鲜花的夕霞小筑。

餐厅里绿植繁茂，从老房梁垂下盏盏复古的灯饰，木桌椅配上清新的花纹抱枕，空气里弥漫着茶香。

下院入口处有一家咖啡吧，还未走近便闻到浓郁的香味，和着秋日雨后泥土的清新味。

两棵古银杏树立在院落里，春夏枝叶繁茂，遮天蔽日，到了深秋则满院金黄。那时，就可以来夕霞踩一踩银杏叶铺成的地毯。

睡进西湖梦里

6间两层的砖木建筑依山而建，门前用石头砌起小院围栏，房间与房间之间用花箱分隔开来。楼下是客厅，楼上是卧室和望湖大阳台。

一楼，民国风的地砖配合木头房梁，贴心的雪梨准备了胶囊咖啡机，你也可以招待朋友来这西湖边的小屋坐坐。

二楼是私密而舒适的卧室。一切家具用品都是原木色的，自然清新。复古的暖色灯光照在灰色的棉麻床品上，让人想马上躺下。卫生间有一个大浴缸，配有日本明治玉肌洗浴用品。别说了，只想用最好的时光，泡个澡。

最让人心醉的，还是能看到西湖断桥的大阳台。雪梨说，等到深秋入冬，树叶凋零，景色还要开阔迷人。在大阳台坐着，望着夜西湖，到夜色四合都不舍得进去。

食物和爱，一样温柔

结合了中式菜肴、西式摆盘的创意料理，是夕霞小筑的另一大特色。在食材的搭配上，厨师应该是用尽了洪荒之力以求营养全面——冰糖阿胶红烧肉，烤大虾，松软可口的叉烧酥，口感特别的蔬菜沙拉……

睡前，管家会询问你第二天想吃中式早餐还是西式早餐。晨起一碗白粥下肚，几碟佐粥的小菜是地道的江南风味，完全满足中国胃。

坐览一线西湖景观，还能这样清净不被打扰，夕霞小筑实在难得。或许因为曾是佛门圣地，住下来，纷繁琐事神奇般地被抛诸脑后，只留下一夜西湖梦。

结合了中式菜肴、西式摆盘的创意料理，是夕霞小
筑的另一大特色。在食材的搭配上，厨师应该是用
尽了洪荒之力以求营养全面。

夕霞小筑

地址｜浙江省杭州市西湖区北山街27号

电话｜0571-85860027 / 18258240027

高分项

客户满意度（90.0），早餐（88.6），
主人魅力（97.1），餐饮（91.1）

NIGHT 11

杭州——

菩提谷

菩提山间，不问四季

在竹林环抱的莫干山，青翠碧绿的松竹随着蜿蜒的山脉起起伏伏，一个又一个的村镇藏身其中。

青石板、夯土墙，以木、石、竹为主要建造材料是莫干山传统民居建筑的特色。但随着时代的发展，大多数人开始推倒旧房子，盖起新房子。传统旧屋被废弃或毁掉，代之以现代化的水泥建筑。

"由传统工艺建造的旧房变成正在消失的时间遗产，我们的子孙后代以后还能不能见到这些留存了几代人生活记忆的建筑？"

2012 年秋天，老宋带着对传统民居的特殊感情，在余杭鸬鸟的乡间，以很低的价格租了一幢几近倒塌的房屋，经过两年的修葺和改造，将其打造成了一个集传统民居风格与现代化装修设施为一体的精品民宿。

在竹林环抱的莫干山，青翠碧
绿的松竹随着蜿蜒的山脉起起
伏伏。

林深云尽处，菩提自有意

从 14 岁开始，老宋便跟着父亲学习木匠手艺，给周边的街坊邻居们造房子，所以曾经是木匠的他对老式木质结构民居有着深刻而特殊的情感。为了让那些快要消失的历史以新的面貌重现在人们的眼前，老宋游历了不少地方，在日本等国，台湾等地见识过许多老民居，这些民居通过休整与现代化理念相融合，重新绽放出生命的容光。

"我们要为这些破烂不堪的老房子注入新的生命、新的文化和新的理念，让一些快消失的历史记忆能重现在人们的面前，让孩子们知道祖辈怎样用智慧和汗水换来一个安逸的居所。"

2013 年，菩提谷一期工程还在进行，老宋又在离菩提谷不远的窑头山上找到了一处接近荒废的村庄。由于交通不便，生活设施不全等，村里 30 来户村民除三两户还留在山上的居所外，大部分已经迁居山下。老宋对村庄的格局进行了整体的规划和调整，除了以十八罗汉命名的 18 幢房子外，还开设了不闻餐厅、不问餐厅、不看书舍、不听琴房等主题屋舍。

2016 年 5 月，菩提谷二期工程部分建筑开始对外开放，并因其禅意的表达及悠然闲适的居住体验，让许多来到这里休闲度假的人念念不忘。

有人说："所谓人生，就在于遇见。"鸬鸟镇那幢曾经的老房之于老宋，菩提谷之于来到这里短暂停留又或长期居住的人，都因缘而遇见。竹林深处那幢在寂静的山野间闪闪发光的民宿，因缘之下取名菩提谷，大概也多少有些缘来即成的禅意。

引青山入房，砌土石麻绳为墙

菩提谷背山面溪，流水淙淙，竹叶斑驳。围绕"引青山入房，砌土石麻绳为墙"的生态建筑理念，菩提谷保留了原建筑的轮廓、结构，使其能够最大化地保持老式建筑的原生态风貌。

民宿以原本破旧的民居为主体，在保证其原有轮廓及主要结构的同时，老宋对其进行修复和改造。除了保留原来民居的主要墙体和房屋结构外，同时对房屋附近的环境进行了修整，使建筑主体与周围的院落形成一个有机的整体。

室内以木质家居为主，以藤编及麻制物件为辅。桌上摆放着颜色淡雅的精致茶具，书柜中有陶罐器皿和各种书籍。闲暇时候在屋外竹林涌动的窗前沏上一杯茶，手里捧本闲书翻阅，困倦的时候就看着屋外的飞鸟发发呆，抑或听着风吹动树木的沙沙声入眠。世间一切的烦恼皆可忘，生活亦只剩当下平静宁和的美好。

山中不知岁月老，壶洒棋半已黄昏

引入室内的山体、会呼吸的土墙、麻绳编制的屏风、拗足造型的千年乌木、来自台州的旧石板、福建定做的红漆家具……老宋以颇为考究的艺术装饰和与自然环境和谐呼应的房屋构造，打造了一个现代人可以修养心性、回归自然的归隐放松之地。

屋外青山绿水，屋内宁静雅然。

菩提谷一期工程一共只有四个房间，即使四个房间都客满，也不会觉得拥挤吵闹。在保证舒适居住体验的同时，菩提谷留住了山里生活最珍贵的宁静自然。

落地窗玻璃在房间观景的一方，原本破旧将塌的房屋经过改造变得坚固明亮、温和宁静。竹林房舍，蒲团静坐。屋外，竹林如海浪波涛起伏涌动；屋内，原本山体暴露出的石头带有粗犷而原始的美感。破旧房屋摇身一变，成为淡雅平和的明亮居所。

厨房里隐约飘来菜肴的香气，或静坐，或与管家一同去近处的溪间玩耍，归来时再拿来主人家自制的野山茶或是自酿的果酒，围坐炉火旁，听燃烧的火炭嗞嗞作响。

此时，山间的风一吹，酒意上来，茶香弥漫，哪里还有什么凡尘俗世的痛苦烦恼不能在片刻间消逝呢？

山间的风一吹，酒意上来，茶香弥漫，
哪里还有什么凡尘俗世的痛苦烦恼不
能在片刻间消逝呢？

菩提谷

地址｜（大麓寺店）浙江省杭州市余杭区鸬鸟镇太公堂村大麓寺
（彩虹店）浙江省杭州市余杭区鸬鸟镇太公堂村盛家头1号
电话｜0571-88761777

高分项

整洁度（95.5），客房摆设（93.3），
景观度（95.0），室内设计感（91.7）

NIGHT 12

厦门——
那厢

躺进悬崖边的浴缸，吹着太平洋的风泡个澡

司机在曾山脚下一个急刹车，一脸质疑地转头："再往上，可就是山了。"

我们说："对啊，他们可不就是把家安在山上了嘛。"

我们踩在碎石铺成的露台上，面朝一望无际的海岸线，时近中午，依然能感受到水汽氤氲，海风清凉，把在山下沾染的暑气吹得一干二净。

郑磊一个人坐在榻榻米软垫上慢条斯理地喝茶，他的太太媛玲追着儿子在院子里一路小跑——看起来和我想象中高冷的设计师伉俪完全不同。

那厢的老板郑磊是建筑设计师，他的太太媛玲也是设计师出身——曾经是驴友的她开过青年旅舍，生意红火。

后来，他们在鼓浪屿开了一家只有 8 个房间的精品小酒店，叫作那宅，把一幢华侨的老别墅经营成了"鼓浪屿最适合求婚的场所"。

鼓浪屿上的"一口 YIKO"餐厅，是郑磊和设计师方小丰联手交出的作业，他们把一幢近百年的红砖小别墅改成了雅痞风餐厅。这家本土口味的热门餐厅，开业没多久就成为点评网站上的第一名。

把鼓浪屿让给游客之后，他们一直在寻找一个更大的空间：视野要好，可以看海，最好还能在高处；空间要大，要装得下所有朋友才行；最好有一张长桌，适合聚会，喝茶吃饭、写字画画都好；当然，还要有床，设计师一旦工作起来，可是 72 小时都不会挪窝的。

建一个家，在没有房子的岩石堆里

听着海水拍岸、背靠山林，绿荫浓密、蝉鸣声声，这里就是他们理想中的隐居之所——唯一的问题是：这里没有房子。设计一幢房子对郑磊来说一点都不难，可是他偏偏不要。

2015 年年底，这里的村民们一直议论着郑磊。这个奇怪的外来者，租下一块空地说是要盖房子，可总也不见他砍树挖地基，反而花费大力气吊了几个巨大的集装箱上来，他在干什么？

2016 年年初，他们的隐居之所完工了，取名"那厢"。

面朝那厢的客厅正面，要隔得十分远，你才能看出它的造型，但视线又很容易被厅堂里的画展、摄影展、雕塑陈列带跑——这就是郑磊和他的设计师、艺术家朋友们心心念念想要的，集创造、展示、交流、体验于一体的复合型众创空间。

郑磊切割了这些花了老大力气才吊上山来的集装箱，而后又将它们排列组合，嵌在一丛丛的相思树、松林与天然巨石之中。

避不开的岩石就请进房间里，嗯，别客气，就当是自己家吧。

那厢的"示弱"

之所以选择集装箱，郑磊的理由很简单，因为这是最能配合自然环境的方式。

郑磊说："设计那厢时考虑的第一要素是与自然的关系，是空间的氛围。设计要配合环境、尊重环境，所以那厢的建造方式、设计风格，对自然的保护，从一开始就是非常清楚的。我希望来的人更多地感受自然，而不是感受设计，设计可以是第二层级，从使用中去感知。"

当今设计在商业社会中力求醒目和进取，郑磊的设计理念却是"示弱"，即降低存在感，退一步，再退一步，"尊重环境，尊重自然"。

郑磊用集装箱做出的这些房间，有的是两个集装箱叠加再打通的，而有的则是切割后进行改造，山体地势起伏，一切都要迁就环境，与环境共生，就在一次次的迁就中，他设计出了独特的那厢。

"环境的纯粹与自然可以让设计与艺术呈现得更从容。"

让岩石住进了房间

或许是因为把岩石请进卧室这件事太新鲜了，来住过的朋友都忍不住拍照发了朋友圈，那厢一夜之间就红了。从此以后，天天都有来人询问：那个有块大石头的房间，可以订一晚吗？

令人印象最深刻的要数 7 号房。在这里，岩石是一尊守护神，也是床头的背景墙。暖光、白瓷和原木家具中和了岩石的冷硬感觉。

楼下藏着一个起居室，惊喜在室外——延伸出去的海景露台，左右的巨石成了天然屏障，茂密的相思树林牢牢守护住你的隐私——来来来，不用害羞，泡个澡吧……

6 号房具有集装箱特有的狭长感，靠在床上，从狭长的窗户望出去，就是无遮挡的台湾海峡风光，近在咫尺，妙不可言。

9 号房自带一种神秘感，你看，就连进房间之前，都要先在巨石的夹缝中走一段台阶。房间本身也是嵌在巨石之间的，床边狭长的窗好似一幅画。自带一个阳台，茂密的树林再次做了屏障，在这里喝茶、看书、发呆，再合适不过了。

这 12 个建在悬崖乱石中的房间，使用了大量橡木、暖光、白瓷、黄铜等元素，在自然面前，收敛与质朴的调性贯穿了那厢的整个空间设计，在山海之间延续一种温暖与自然的气息。

即便没有那么喜欢岩石，人们也会无一例外地恋上那厢。或许，你迷恋的正是躲在岩石、相思树和松林间，偷偷休憩的快感。

左右的巨石成了天然屏障，戊密的相
思树林牢牢守护住你的隐私——来来
来，不用害羞，泡个澡吧……

那 厢

地址｜福建省厦门市思明区环岛南路2689号

电话｜0592-5507011

高分项

建筑设计感（97.8），品牌活跃度（82.2），
独立的视觉系统（91.1）

NIGHT 13

莫干山——

山水谈

曲径通幽处，山水竹木深

初见山水谈，这幢方正规矩的建筑，与散落在竹林里的莫干山村屋并无违和感。米白色的外墙，刷出粗糙的颗粒感。半青半红的瓦片依照着最原始的方式码得齐整。在房子的正面，看见大面积的落地门和窗，视线所及，都是温柔的颜色。

两幢主楼，14 间客房，一个公共客厅，一个餐厅，一个开放式厨房及一个游泳池——这样的体量结构，在莫干山不算大，也不算小。只不过，这两幢楼，主人整整做了两年。附近比它晚一年才动工的民宿都已经开门营业了，主人却依旧摇摇头，让工人修修那里，改改这里。

他试图辩解，两年时光，并不算久。有半年时间在下雨，没法施工，再加上山里工作节奏慢。聊到后来，他说，要按自己的想法，两年时间还是太匆忙。

置身乡野，恰逢少年

说起山水谈的主人……

如果你也来过杭州，去过蜜桃咖啡、ABC 集合店，爱逛 Solife，在 UTT 买过家具，尝过食课的文艺范儿包子，那你一定听说过陈飞波，他就是这些格调店铺背后的设计师。

陈飞波是一个兴趣爱好特别广泛的人。他设计室内空间，譬如江南布衣、速写的店铺都是出自他手。同时，他也设计家具——譬如木面铁脚高吧凳。

2010 年，他从平面设计师转型为空间设计师，成立了自己的家具品牌：触感空间（Touch Feeling）。所以，说起设计师陈飞波在山林间做了个民宿时，朋友们一点儿都不觉得意外。

为什么做民宿？陈飞波说，自己和好友兼合伙人海哥都有浓重的乡土情结，城市里的空气、食物，越来越让人想要远离。

从前，每逢周末节假日，陈飞波和海哥两家人就会带着孩子相约去杭州周边近郊度假，去得最多的就是莫干山。

"春可砍竹挖笋，夏能卧虎藏龙，秋尚踩叶拾栗，冬宜吃喝宅乐，一年四季都有得玩。"他说，自己也曾是村里调皮的少年，置身山乡是最放松的时候。

园林、木、铜道出的山间美学

山水谈隐匿在水杉耸立的林荫小道边，背靠大山，屋前是一整片浓密的竹林。夏天枝叶茂密的时候，竹林把两幢小屋盖得严严实实，只留下一条石板小路指出林中另有洞天。

他们围绕着莫干山找了许久才寻到这一处。原本这个村子连一家民宿都没有，现在有了五六家，"我们来得最早，却不是开得最早的"。

有一次，海哥在微信群里发了两张山水谈的照片，一张是改造前的旧屋，一张是改造一年半后的雏形，陈飞波莫名就被戳中了泪点，"当时真的流泪了，过程太复杂，有着太多情绪"。

边建造边设计的山水谈，正如陈飞波所希望的那样，不那么传统，也不那么现代；有肌理，不夸张。这房子仿佛和原来差不多，室内却又有着异常摩登的气质，让热爱生活的人能够享受每个细节的设计感。

陈飞波用江南园林的取景法则，引美景入室，又用了大量实木和黄铜的元素，使山水谈既有东方式的含蓄，又兼具工业时代的厚重感。

屋前是一整片浓密的竹林，到了
夏天，便可去林子里捉萤火虫。

山水谈餐厅

器物自四方而来

在给甲方做室内设计的时候，陈飞波就经常自己设计家具，因为很多想法只有自己动手才最准确。所以，在山水谈，你也可以看到很多独一无二的高定家具。

普吉岛买回来的老圆木板，架上三根黄铜脚，就是一个文艺又古着的茶几。客厅一组宽大的沙发，是请设计师朋友用老柚木定做的，都是舒缓柔和的配色。壁炉边的高背沙发，座位下设计成收纳架，整整齐齐码着劈好的柴火，不仅是装饰，更有其实用性。

山水谈是面向大众的民宿，却毫不吝啬地分享出许多小众才懂的价值和趣味性。比如搁在床尾的老板凳；又比如黄铜开关，也没忘记在上面直接装上USB 接口。客房里的欧洲古董椅子来之不易，价值不菲，却大咧咧摆在那里，随你使用。

他们对器物的热爱，不是将其束之高阁，而是分享和使用。所以，在山水谈，客人会用茶几上那把看似不起眼的日本茶壶喝茶，用云南手艺人做的铜盆洗脸，从设计师亲自打造的果盘里挑水果吃——在各种细节处享受主人的审美。

他们花费巨资在后院挖了一个标准尺寸的游泳池，引来山间的清冽泉水，让人可以在山泉里游泳，这种不计成本的投入在山水谈比比皆是。

在这里，你有不交流的自由

这里有呼朋唤友的空间，最妙的却是，山水谈为所有人准备的，却是不交流的自由。

它有特别多通道：每幢主楼 7 个房间的设计做了四个入口，有的是三个房间一个入口，有的是两个房间一个入口，也有的单个房间有独立入口。

客房有私用的小露台，也有公用的大露台，沙发与藤椅随处可见，你走到哪儿都可以打个盹。无论你是一个人、一家人还是一群人，都能互不干扰，充分享受独立的空间，享受独一无二的假日时光。

当然，它也为你准备了交流的通道。这里有一百种对话的方式：人与人，人与物，人与自然……

艺术家和音乐人可以交流演绎一段自然真实的声音，宾客可以用当地食材做一顿"不在家的"家宴，小朋友可以在主人打造的蝴蝶园观察生命奇妙的蜕变……

和有趣的人做有趣的事，或许，这才是最理想的假日交谈法则。

山水谈

地址 | 浙江省湖州市德清县武康镇对河口西岑坞

电话 | 18057258936

高分项

室内设计感（95.6），客房摆设（91.1），
品牌活跃度（87.0）

雙童積雪

10

NIGHT 14

松阳——

茑舍

一分钟，慢成 80 秒

莴舍和它主人的故事，早已是无数人口中的传奇了。

莴舍的主人夏雨清是资深媒体人，在媒体工作的那些年，因为拍摄和采访，他走遍了浙江每一个县。但只有松阳，让他停下了脚步。

这里是中国古村落遗存最多的县，黄土小屋，袅袅炊烟，恍若隔世。唐诗里，这座浙西南的小城被称为世外桃源。《中国国家地理》杂志称它为"最后的江南秘境"。

四年前，松阳还没有如今天这般声名鹊起。那时的松阳，寡言且略显羞涩。因为远在浙西南的大山里而不为人知；却也因为早年穷困，村人无力翻新房子，因祸得福，保存了上百个让人惊艳的古村落，成就了"最后的江南秘境"。

夏雨清爱上了这个江南最后的桃花源，无数次深入松阳，寻找自己心中的那个栖息地。他走访了几十个隐藏在山间的村庄，最终在松阳县城的明清古街找到了一个院子。这个院子，原是寿年小学旧址，后来为松阳第三小学的所在地，几经变迁，闲置了下来。它和老街仅一屋之隔，院子宽敞，闹中取静，是个可以安心驻足的理想之所。

把一幢有故事的老屋改成一个温暖的家，是他最乐此不疲的事。完工后的莴舍几乎与他当初设想的一模一样。取名莴舍，意在追求一种被鲜花环绕的生活：庭院四周种满绿植，紫薇花开正盛。

你预约的，不是房间是生活

　　笃舍在设计中复刻了旧时老屋的模样，腔调古典，细节摩登，颇有味道。

　　夏雨清说，一家温暖的民宿就该有足够的阳光。笃舍最不缺明媚的视野，再搭配松阳湛蓝的天空，真想把整个人陷在沙发里打个悠长的盹。

　　可以让人在阳光中醒来的每张大床都是一道风景，取自"松阳旧十景"，譬如"望松夜月"，譬如"石笋仙踪"……

　　简单的白墙传递出温暖的质感，帷幔大床适合情侣，复式套房适合携家带口，笃舍一如既往地摆开了周到的主人架势。

　　古朴别致的木质家具是为笃舍度身定制的，二期的复式家庭房还用上了比五星级酒店还要周全的地暖和双面壁炉，无论在院子还是在室内，都能感受到温暖。

　　笃舍最特别的是复式阁楼，二楼的空间丝毫不局促，那扇天窗，白天飘过一朵云，晚上滑过几颗星，真是浪漫满屋。

　　独一无二的阳光房把最充裕的阳光和月光都收在后院，一个半开放式的空间，坦荡荡邀你与清风明月一起泡个澡。

　　天光渐暗的时候，正好坐下来吃一席用松阳本地食材做的大餐，就地取材的好味道是无可取代的。

　　你和笃舍预约的，可不只是一张床、一个房间。从衣食住行到交通指南，贴心的管家服务会为你设计一趟关于松阳的私人旅行——松阳的美，急不得。

在松阳，时钟走得好慢

松阳的节奏，是慢半拍的。

从莴舍出门右拐，前行 18 步，就是沉淀了三个朝代的市井街巷。松阳老街是货真价实的古董，始自汉唐，历经繁华。如今，这里依旧像几百年前一样，保持着传统的生命力。

老街上的家庭手工作坊一家挨着一家，像是从《清明上河图》裁下的一角。铁匠阙先明、弹棉花的潘小琴、做秤师傅朱葛明、草药铺主人王显运，都先后过了六十大寿，每扇斑驳的木门背后都是一段有关传承的故事。

日升日落，这里仍然是过去那副生动的样子，在时间的长河里似乎是静止的。

2015 年的夏天，夏雨清在老街上开了一家杂货店，叫山中杂记。有书，是他自己挑的；有当地特产，是他自己搜罗的；还有禅意的茶室，那款叫山红的松阳红茶，也是他去找来的。

运气好的话，你可以在山中杂记尝到他在松阳发掘的高山野生红茶、金枣柿和用番薯寮古法红糖、土蜂茶花蜜做的小糕点。

"最后的江南秘境"，岂能走马观花？

松阳这么慢，这么轻，这么诗意。就像韩良忆说的，你需要有间小屋住下来，慢慢体验。

不骗你，在松阳，一分钟有 80 秒。

从茑舍出门右拐，前行 18 步，就是
沉淀了三个朝代的市井街巷。

莺 舍

地址｜浙江省丽水市松阳县南直街潘祠上弄2号
电话｜13777207473 / 0578-8098886

高分项

早餐（88.4），舒适度（82.1），遮光度（86.6），
温湿度（82.1），餐饮（88.4），
本地产品开发（88.9），人文关系（90.0）

NIGHT 15

丽江——

無白

身披暖阳，看白墙上的光影浮动

在丽江的束河古镇，与無白的第一眼对视，就让人爱上了这干干净净的风格。不加修饰的一色白墙，旧旧的木头家具，旧旧的瓶瓶罐罐，一枝石榴花随意插着，一切都调理得养眼舒服。

听说设计师名叫谢柯的时候，觉得有点耳熟，一时却又想不起来在哪里听过。

而当"重庆山底之家"几个字被提起时，才猛然想起：谢柯不就是电视节目《梦想改造家》里，为重庆一家人带来"神借光"的那位设计师吗！

节目中，谢柯领到的任务是对委托人陈姐家所住的那套长年得不到自然光照射的"山底之家"进行改造——改造出一个明亮的新家。他将窗台外的破旧遮雨棚替换成透明的玻璃窗，在外部与堡坎相隔的空间中，用反光效果良好的黄竹进行布置。

通过光的折射，他点亮了那个小黑屋。在那次节目之后，谢柯也被许多人称为"暖男设计师"。

雪山脚下，有幢小屋

这次丽江之行，束河古镇是其中的一站。它在玉龙雪山往北大约 20 分钟车程的地方，玉龙雪山山脚有一片密集的村落，就是束河。無白低调地藏在束河四方街上，街面上的客栈大多恨不得门头越显眼醒目越好，而無白却反其道而行之。

独立的小院子简单清雅，没有浮夸的点缀。

从大门进入前院再进入大堂，一路也都和院落一样，只是原木、白墙。暖暖的色调，宽敞的空间，让人一进来就有一种想坐下歇一歇的念头。

两年雕琢，与候鸟作别

無白的主人是谢蓓和陈悦。男主人谢蓓是画家，女主人陈悦则是新闻记者。無白的前身是候鸟客栈，在束河古镇小有名气，但随着人们对度假目的地的要求越来越高，候鸟原本的设计及住宿环境已经不够好了。某天，谢蓓叼着烟斗打量自己这套四方街的老房子，感叹一句：得了，改！于是他们请来了谢柯，开始了不计成本的折腾，前后用了两年时间，無白的改造才得以完成。

候鸟客栈原先的模样，和束河古镇风行过一时的客栈没什么区别。2013年，谢柯开始对候鸟客栈进行改建，两年过去了，旧貌终于换了新颜，大家都被感动了。

改造后，原有的三套民居的构造基本被保留了下来，有三个风情各异的院子，9间风格不一的客房。玻璃被大量运用，无论是楼上还是楼下，视野都极佳。有了大落地窗，蜷坐在沙发上，喝一杯手磨咖啡，和朋友随便聊点什么都行。

每个房间都有一个独立的小露台，远处的玉龙雪山，近处的束河古镇，周边美景尽收眼底。屋里屋外的老家具，记录着过往的时光。

在谢柯看来，老建筑必须留住当地的文化和风情，才能好好地活下去。無白的设计曾引来普吉岛安缦酒店高管的多次到访，这位本应去丽江大研安缦酒店调研的高管，因为一次偶遇，饶有兴致地住进了無白，反复研究無白的设计理念。

無白是一种有质感的生活

说来也是奇怪，虽然名字叫作"無白"，白却是这里用得最多的颜色，让人想起中国画的留白意境。主人解释，無白是一种有质感的生活，和建筑本身无关。

房间没有名字，只有简洁的数字，像是在传达这里最简单的生活方式。

所有的墙面都没有修饰，白色带来了明亮。卧室里也是如此，你会觉得色彩也是关乎听觉的，洁白，带来了静谧。

早晨醒了，你不必远走，就起身到窗前看看日出吧。

迎着阳光坐在露台上发会儿呆，或是去院子里和主人聊聊艺术，运气好的话，主人说不定会送你一幅画像。近年很少动笔的主人，心情好了就在院子里画上几笔。主人自己的画，就是对无白最好的诠释。

院子里有许多绿植，谢蓓和陈悦都喜欢绿色的植物，不管有名字的没名字的，反正只要有缘了就带回家来。

赏赏花，赏赏画，坐下喝杯茶，主人的茶艺如何，一喝便知。

小院之中，春色正好，晌午的时间漫长得无边无际，这就是丽江的柔软时光。

無　白

地址｜云南省丽江市束河古镇清泉路43号

电话｜0888-8889692

高分项

室内设计感（100.0），整洁度（100.0），温湿度（93.3），
热水供应（100.0），客房服务（93.3），
主人魅力（93.3），客房摆设（86.7）

苏州——

村上湖舍

守拙归田园，把日子酿成了诗

在这个节奏快到让人气喘吁吁的时代里，想要慢一点，并不容易。但有这么一群人就住进了村里。一年时光，春有百花秋有月，他们把田园生活慢慢地过成了诗。

这群人里，除了村长储海晋，还有离开纽约最强建筑事务所的设计师王斌、执笔多年的媒体人吴嘉昊以及插画师、影视工作者，一大帮90后……在城市里，他们扮演着不同的角色。但在阳澄湖边的村上湖舍，他们都成了村民。

他们一见钟情的不是别的地方，而是一个破厂房。在乡下生活过的人，应该对这样的画面不陌生：人口流失，没什么人维护，总有一些土地和房子就这样被荒弃在一边。就是这样破旧的房子边，走几步却能看到水草萋萋的湖，映着远处农户的房子，美得让人忘了说话。

既然发现了它的美，为什么不好好地改造一番？让更多人知道，农村是一块璞玉，只是被人们遗忘了。后来，他们通过众筹找到了志同道合的朋友，在短短两天内，湖边的破厂房就得到了数十万人的关注、300多万元众筹资金的支持，原来想回到农村的不止他们。

水远山长，来日可期

一年前的秋日早晨，这群人让充满梦想的三亩地，挨了一锨一锄一锤一铲一耙，村上湖舍的故事也就此开始了。

这次改造，可不是往村里盖一幢高楼了事，他们想打造真正的田园之家。

建造湖舍工程浩大，那就先盖个村上生活小院过把瘾吧，他们没有花钱请任何公司，全是自己搭建，其中很多都是当初筹钱支持他们建造村上湖舍的陌生人。

在 2016 年国庆节期间，从北京过来的一个 90 后小姑娘童童，放弃了假期，跑过来在这里干活，中午跟大家伙儿一起围着吃饭。这不就像极了以前农村盖房大家帮忙的场景吗？

他们一边造房子，一边就在村里生活了下来，春天看漫山的油菜花，夏天在树下看波光粼粼，秋天——阳澄湖的秋天自然是吃大闸蟹的好时节。

这一待就是一年，终于等到整个村上湖舍建好。再去做客的时候，嘉昊笑着说：我们可都是真正的村里人了，哪条巷子是死胡同，哪座桥能通到菜园，门儿清。

村里的东西，放对位置就很美。旧厂房里的一些器械，结合木材和绿植，都成了湖舍的景观，村上的门牌就是这么来的。屋顶的红瓦拆除了，别扔啊，

砌起来就是庭院移步换景的隔断。

　　走进湖边这幢小白屋，好像走进了画里。即使不是晴天，也别有一番诗情画意。屋内除了水泥风格，还有丝丝的厂房气质，整个空间已经大变样。

村上湖舍住宿区长廊

　　这里是民宿，却又不仅仅是民宿。在床边，你就能看到船夫划桨从湖边经过；出了房门在松林书屋看一本《一个人的村庄》，再适合不过。

　　在麦浪里吃饭，去松林里看书，真好。

人，都是不能离开土地的吧

村里的生活当然离不开耕地种菜，走过一座桥就能发现秘密菜园。无论是曾经在乡下生活，还是一直在城市长大，面对雨天里湿漉漉的泥土和滴着水珠的瓜果，没有人有抵抗力。采了一盆冰草，没等做成沙拉，往嘴巴里塞一棵嚼几下就化了，甜丝丝的。

在村里，就吃村里的食物。

若说口福，城里人还真是要羡慕一下村民。早晨吃一碗苏式红汤面，配的是自己腌的酱瓜。湖里捞上来的螃蟹正肥，更不用说自家养的鸡鸭，种的蔬菜。

只要一碗秃黄油，便胜却人间无数。秃黄油是在出蟹后取出蟹膏蟹黄，加上熟透的肥膘末，然后用葱、姜爆香，再用黄酒焖透，高汤调味，最后再淋上猪油、洒上胡椒粉。这便是苏州独有的美味。

饭后再来块糕点，刚好入夜。城里也许还灯火通明，但村里人只留一盏小灯——是歇息的时候了。

从菜园出来，巷子深处就是造物坊，这幢最早建好的小院，当初是这群民宿的共同建造者聊理想、吃火锅的地方。如今，住在村上湖舍的客人，都可以来造物坊里体验做手工皂的乐趣。这事儿急不来，你要慢慢等它加热，再倒入器皿中。冷却凝固后，也不能立刻使用，而是要放在阴凉处晾着，时间会让它变得更好。

住在村上湖舍的客人，都可以来
造物坊里体验做手工皂的乐趣。

给生活一点野心

三两好友围坐一圈聊天的日子，你有多久没体会过了？这时候，突然想起小屋门上那行字："给生活一点野心"，仿佛有点明白了其中的意义。

野心是什么？在城市里拼搏、在人群里挤挤攘攘？是，这的确是一种野心。但努力去过自己理想中的生活，抛下世俗眼光，这算不算也是一种野心呢？

回归田园不应该是速成的鸡汤。急哄哄的一日游，不如找一处湖边听风吹过，再去院子里摘把青菜，慢下来才好。这群跑到村里生活了一年的人，用时光证明了自己的野心：在农村诗意地生活。

村上湖舍

地址｜江苏省苏州市相城区澄林路清水村刘家庄88号

电话｜0512-62628188 / 18006215388

高分项

早餐（90.0），餐饮（96.7），本地产品开发（96.7）

NIGHT 17

杭州——
蜜桃小院

想躲进蜜桃一样甜蜜的温柔里

人间四月天，拂面而来的风带着暖意和各种植物散发出的味道。无论走到哪里，满目所及尽是星星点点的绿，"乱花渐欲迷人眼"，此时此刻，是杭州最迷人的季节。

避开游人如织的灵隐寺，拐出大路，行过白乐桥，潺潺溪水声隔断了喧嚣，这里有着景区最美好的宁静和春光。快到路的尽头时，前方绿植掩映的高墙上，"蜜桃"二字跃入眼帘。

在民宿界，蜜桃小院早已是一个传说、一个范本。2012 年，民宿还没有如今这般火爆，当极富设计感的蜜桃小院出现时，所有人都眼前一亮。所以，即便它位置隐秘，没有对外高调宣传，仅有的五间房还是常年处于订满的状态。

推开老桂花树下的木门，青砖铺就的院子草木繁盛。有阳光，有绿荫，一切都煞是好看。白色小楼被深深浅浅的绿植环绕，大幅落地门窗透着光，木结构框架勾勒出柔和的线条。白木香开得正盛，廊下木凳上的多肉植物们排着队晒太阳。

从蜜桃咖啡到蜜桃小院

四年前，杭城出了一家颜值爆表的咖啡馆——蜜桃咖啡，不仅把由老纺织厂改建的丝联创业园带火了，还带动了开咖啡馆、小酒吧的风潮。

之后，蜜桃咖啡背后的这群人又琢磨着打造一处城中的清静之地，又为此忙活了近一年，终于，在层峦叠嶂的青翠中，天光云影共徘徊的蜜桃小院诞生了。

蜜桃小院的联合创始人之一——观堂设计的设计师张健，把放松和柔软定为小院的基调。他用木头替换了原本的铝合金门窗，在门窗造型上加入了弧线，室内的墙壁隔断也用圆角设计呼应。

入门小厅铺了民国风格的老花砖。墙上纺锤、梭子等老机器部件组成的装饰尤其特别。吧台吊灯延续了蜜桃咖啡的风格。小院内外的风格简洁大气，空间通透，细节又耐人寻味。

房间的名字也很贴近自然：天、光、云、山、木。

二楼的天是最大的房间，有 L 形的大窗户，两边都可以看到窗外的风景。

光是唯一一个铺设榻榻米的房间，舒服又有趣，比较贴心的是可以加床，睡得下四个人。书桌是老缝纫机改造的。旧物再生，有时候，只需要换一种使用方式。

来度假就是放松、放慢、放空，所以主人特地没安装电视和电话。

为了营造家一般的舒适感，在床品等物件上面必须舍得花钱，乳胶枕头、乳胶床垫、纯天然亚麻的四件套，清洗熨烫也都委托给老牌酒店浙江宾馆，也免去了院子里不必要的杂音。

夜晚，凝神静气，便能听见北高峰上小庙里的钟声；早晨，在叽叽喳喳的鸟鸣声中醒来。在小院里，声音变得很简单、很纯粹。

一晃三年过去了，民宿大热，拼软硬件，拼设计，拼细节。回到蜜桃小院，依旧养眼而舒适。张健后来设计的山舍、31 间·虚谷 hugo 等民宿有同样的风骨，但有不一样的味道。

让你不再孤单上路

依山而建的蜜桃小院，沿着山势有一片长长的自留地，现在正种着生菜、艾草等，给客人吃自己种的菜已成为蜜桃小院的传统。

主理人琳琳说，光有颜值和硬件肯定是不够的，民宿要带给住客家的柔软和温度。最近，她们正琢磨着改革早餐，把按房间配置变成根据人设菜单。

在 The 23 Lab 学习了一年植物学的琳琳正在实践她的知识，把小院的花园变得更美，让菜地更丰盛。"你看，这些植物已经长开了，慢慢有自己的姿态了。"

正如生机勃勃的植物，蜜桃小院也在静静成长，并有了自己的姿态。

光是唯一一个铺设榻榻米的房间，
书桌是老缝纫机改造的。

蜜桃小院

地址｜浙江省杭州市西湖区灵隐支路白乐桥260号

电话｜0571-87098002

高分项

交通便利（84.5），遮光度（88.0），温湿度（82.7）

NIGHT 18

杭州——

31间·虚谷hugo

在旧厂房里，看闹市里的烟火气

　　走到 31 间·虚谷 hugo 旧厂房的门口，绿荫环绕着的这辆甲壳虫汽车一下子把人们带回到了工业时代。这个建于 1961 年的旧厂房，直到现在还保留着老式房梁结构，在现在看来有种复古的工业感。

在旧厂房里回溯旧时光

在杭州生活的 23 年，对张大鹏来说，最大的收获就是认识了 5 个志同道合的好伙伴。他们 6 个人租下了这个有着木结构屋顶的旧厂房，请来设计师张健，在隐于闹市的地方，齐心协力造了一个安放理想的场所。

厂房空间开阔，他们拿出一半的空间用来做艺术展厅，用另一半来做餐厅和酒店。厂房里，是精心设计的留白，可以办各种展览。这里保留了厂房的旧墙壁和地面，有种旧时光里才有的沧桑感，是空间里最动人的地方。

主人们把自己喜爱的茶器放在这里展示，平时还会到国外精挑细选一些器具放在这里，他们想分享日常器物的美好和生活的乐趣。

餐厅在东边，老厂房优美的人字形木梁在这里被完整地保留了下来，甚至可以伸手触摸到它的纹路。木梁的每一道缝隙，都是从悠长的时光隧道里慢慢走来，变成现在的沧桑模样的。

看见餐桌上的灯罩了吗？这是主人参照了上海的一个老灯具，请朋友一个个手工敲打出来的，所以你几乎找不到两个完全一样的。

这里还摆上了各种各样的植物，这个曾经沉寂的旧厂房，在植物的点缀中也有了生机。

它们个性鲜明，你无法定义

餐厅的东边就是他们设计的酒店。有意思的是，你很难用一种风格去定义它，因为张大鹏和他的朋友们每个人都认领了一个房间，按照他们自己的喜好进行布置。大到床的选择，小到一个开关、一个杯子，每处细节都有鲜明的个性。

就像装饰自己的家一样，他们把从世界各地搜集起来的老物件，一个个都摆放在这里，每一样都有属于他们自己的故事。

酒店一共有 8 个房间。8 间房都用分数来区分，一楼三间房分别为 1/3、2/3、3/3，二楼五间房为 1/5、2/5、3/5、4/5、5/5，住了一间，你或许只得到了 1/8 的体验，在这里，一房一世界。

梅数植的小美术馆 & 元白的茶

1/3 房间是平面设计师梅数植布置的，房间的客厅部分挂了很多平面作品，这就是一个设计师用来存放自己喜好的小型美术馆。床头柜、沙发、吊灯、小物件……每一样都是主人花心思搜集来的。

2/3 房间由元白的主理人裴航打造，房间的客厅部分设置了茶席，主人好茶，你看得出。从客厅往房内看，有中式的禅意流淌在空间里。

3/3 的房间由元白的另一位主理人汪浩设计，同样也是以茶为主题。在房间的客厅处设置了茶席，茶席上的茶器都是主人按喜好挑选的。

梵几 × Meistuff

到了厂房的二楼，就进入到另外五个不同风格的房间。梵几杭州主理人老梅和 Meistuff 的张媚布置了 1/5 房间。

房间里随处可以看到梵几的家具新品，淡灰暖黄色墙面，搭配着浅白色木构屋顶。这个白色的木结构屋顶，把偌大的空间一分为二，一边是柔软的床铺，另一边是洗漱起居的地方。

最妙的是推开房门，房间有一个专属的露台。园区里绿树成荫，给你留了一处最好的风景。主人在露台上养了很多植物，在这里就和身处自家小院一样惬意。

张大鹏的小阁楼 & The 23 Lab 的植物

2/5 房间是张大鹏自己设计的，推开门就能看到窗边的浴缸。有自己的小阁楼，一层负责起居，二层是安睡的地方，互不干扰。

眼前的木桌、墙角的木器，每一样都是他的心爱之物。张大鹏自己是摄影师，在茶席处还悬挂着自己的作品。

The 23 Lab 植物生活研究所打造了 3/5 房间，就跟它的名字一样，3/5 房间里处处可以看到绿色的植物。房间露台的院子里，同样安放着各种各样的植物。

年轮公园老物件 & 一屿

4/5 房间由一桥年轮公园杂货铺布置，这里可以看到各种黄铜物件，还有古董家具。房间里的物件会不定期更新，每一次来这个房间，都会发现不一样的小惊喜。

只要一推开 5/5 房间的门，就会发现它的与众不同。房间保留了原汁原味的旧厂房屋顶，老旧的屋顶和简单的现代设计，形成了强烈的视觉对比。站在阁楼的楼梯上，可以近距离观察沧桑的木架，看它的一道道纹理、一条条裂纹。

5/5 房间是原创家具品牌一屿打造的，很多小巧思都放在了房间的家具设计上。

维系友谊的第999种方式

就这样，这里成了张大鹏和他的五个好友在陌生城市里相聚的地方，每个月他们都至少在这里相聚一次。这里有年代的记忆，有历久弥新的友情，越久远，越有味道。

和有趣的人，做有趣的事情，生活才有意思。

31间·虚谷hugo

地址丨浙江省杭州市西湖区留和路139号东信和创园31幢

电话丨0571-88906118

高分项

独立的视觉系统（90.0），
室内设计感（91.7），客房摆设（86.7）

我带上你，你带上酒，去山里打几日桌球

从浙江德清县城驱车开往莫干山，沿途有一条特别美的路，狭长蜿蜒。路两旁簇拥着笔直幽绿的水杉，特别文艺。而陌野，就是这条路的"句号"。

陌野就在山脚，背靠漫山翠竹，泥砖石瓦不动声色地围起一个大院子，阡陌交通，等你缓缓归来。

初见陌野，人们的内心独白通常是这样的：这不就是那个我一直想要但没能实现的家吗！

陌野占地三亩，大量的空间都被用来做公共区域。主楼一楼有开放式厨房，二楼是一个特别敞亮的起居室。两幢辅楼分别是前台和私人酒吧。院子里有户外大草坪、烧烤平台和泳池。再加上五个房间，正好装下所有闺蜜。

故事始于一群老友的念念不忘

陌野是一座充满性格和态度的小院，和大部分民宿、农家乐都不一样，陌野像是配置更奢华的《老友记》公寓 2.0 版本。

所有幼稚的、成熟的玩法这儿都有，再多的发小、闺蜜都装得下，因为陌野就源自一群小伙伴的念念不忘。

陌野的背后是一个年轻的 80 后团队，主理人华云飞说，陌野的诞生源于怀念：怀念小时候的蓝天白云，恬淡的乡村和满目苍翠，于是兄弟齐心，一起还原出心中最理想的小时候。

"我们这拨人 13 年前一起在莫干山上玩耍的时候，从没想过以后还会做点跟这座山有关的事。现在最温暖的莫过于，在向着梦想前行的路上，一起奋斗在身边的还是当年的小伙伴。"

在山中，在陌野，做一个享受生活的人

整面的落地窗将山里四季的天光引入室内，任何角度看出去都是山中风貌。陌野看似朴实，却是心机暗藏，把巧妙的设计隐在种种细节之中。情怀不足以撑起一个好民宿，要勇于走心，也要舍得花钱。

二楼的起居室最适合打发一整天的无聊时光，围着壁炉窝在沙发里聊天、喝酒，在长桌上吃点下午茶，在摇椅里打盹，阳光透过落地窗洒满房间……木头是材质的主旋律，从地板到家具，深深浅浅、新新旧旧，填满整个空间。

私属酒吧在主楼边，一幢美式风格的小木屋，一场桌球，几瓶啤酒，这样的时光过得特别惬意。晚餐后，到吧台喝一杯现调鸡尾酒，再聊聊曾经追过的那些人，那些恍如隔世的爱情……

酒吧里的座位摆放随意，太阳好的午后也可以挪到户外，围成一圈玩"杀人游戏"。

陌野目前有五间客房，风格各异，如出一辙的是空间格局上的流畅感和视觉上的柔美感。

庭院铺满厚厚的草坪，砖石指引你去喝酒、打球、游泳、晒太阳……

精致到每个角落

小伙伴们都长大了，对生活舒适度的要求也逐渐提高：床垫、枕头、卫浴全都向五星级酒店看齐，床头的音响可连接移动播放设备。

黄铜家具也是陌野随处可见的点缀，和原木、石块在一起，有一种狂野与细腻相伴相生的奇妙美感——情怀要有，情趣也要有。

最狂野的一间房有着树皮床背板、牛皮地毯、榆木圆墩、老木梁拼的床架……最特别的还是作为盥洗室隔断的石头墙，很少在室内看见，却搭配出霸气十足的澎湃感。

充满设计感的 Loft 房，楼上楼下有两张床、两个卫生间，最适合和闺蜜一起住，楼上的榻榻米大床有天窗，可以看星星。

这是一间木头特别多的房间，铁柚木地板、胡桃木床头柜、原木房梁、天花板和巨大的床背板，重点是，这里有一个可以躺着看风景的大浴缸！当然，你也可以坐在窗前的摇椅上看风景。

陌野矮矮的石墙很是神奇，能过滤掉世俗的吵闹，留出一片纯粹和烂漫。这里有着生活本该有的样子，或许，你也会爱上这里。

最狂野的一间房有着树皮
床背板、牛皮地毯、榆木
圆墩、老木梁拼的床架……

充满设计感的 Loft 房，楼
上楼下两张床、两个卫生
间，最适合和闺蜜一起住。

陌 野

地址 | 浙江省湖州市德清县五四村青刁坞

电话 | 400-063-6868 / 0572-8880905

高分项

交通便利性（78.2），独立的视觉系统（87.3），
室内设计感（92.7），舒适度（87.3），客房摆设（89.1）

杭州城里藏了桃花源，麦芽庭里尽是老旧味道

杭州有风景优美且僻静的地方吗？当然有，就在白乐桥。

白乐桥在杭州灵隐寺的旁边，北高峰下，很少有人知道，至少，还没有旅游团来过。葱绿的树枝横斜在水面，石桥下一条小溪穿桥而过，这里是市区，是隐藏在闹市的桃花源。

有人在这儿找到了两幢房子，随着自己的心，把房子变成了他觉得最理想的样子。明明之前还是白墙黑瓦的江南民居，在他的手上却完全换了画风，变成了简洁干净的北欧风。

最美丽的，总是意外

三年前的一个晚上，Y 先生闲逛到白乐桥村落。沿着小路能听到溪水潺潺，走着走着远处人家偶尔传来三两声犬吠。在那个微风沉醉的夜晚，他想到京都，想到彼时在幽静的小路上偶遇的儒雅僧人，恍如隔世。

于是，他找到当地的一家民居，把它改成了民宿；后来，又租下另一幢。

还没进入白乐桥，就可以看见大片大片的茶园，沿着村庄的小路一直往里走，白乐桥 197 号就是 Y 先生改造的民宿——麦芽庭。刚跨入院子，就能看到一个开阔的庭院，院中有平台，有水池，四周被绿树包围。

时间的痕迹嵌在每个角落

进入麦芽庭屋内，第一眼看到的就是灰色的咖啡吧台，搭配着黑色的吊灯，清爽干净，没有多余的装饰。

继续往里走，有一块个性极强的公共空间。一边的墙上留出超大的落地窗，院子里的景象毫无保留地被接纳进室内。这些看似随意摆放的桌子椅子，其实每一件都是主人精挑细选过的。

那件杭州本土的原创品牌一屿的椅子，在暖黄色的灯光下显得非常温润。想象着躺靠在这温暖的灯光下，捧上一本喜欢的书挑灯夜读。这个安静的角落，又更适合两个许久未见的好友，喝上一杯咖啡，谈笑调侃过去的生活。

靠墙的柜子是主人搜集来的老物件，只是把它的表面稍作处理，木头的纹理就精致地呈现出来，散发着时光的味道。

另一边的墙上有一个作品展架，主人搜集了很多喜欢的木制手作，将它们摆放在这里。主人的工作室易墅饰家就在隔壁，藏了更多他从世界各地挖掘来的宝贝。

对面的墙角，有一个鲜艳的黄色壁炉。看起来崭新，充满活力，但其实它已经是几十年的老物件了。看见屋顶上那个云形状的灯了吗？其实是为了遮盖屋顶的水管所设计的。当灯光亮起时，顶面就像一朵云轻轻地飘浮在空中。

既然是麦芽庭

走出一楼的公共空间，穿过两幢房子中间的庭院，就是主人改造的第二幢房子。

除了一个公共的读书空间外，这一幢楼以客房为主。在这两幢房子里，一共只做了 10 个房间。每个房间的设计都围绕着四季，房间名称分别为惊蛰、春分、谷雨、小满、芒种、夏至、白露、秋分、寒露、小雪。每个房间都是不一样的风格。比如白露以白色为主，小满采用黑红两色的花砖在色调上形成冲撞感……

除了在颜色上花足了心思，主人也不放过房间的其他细节。秋分的铁架床仍保留着它的支架，不过为了令眼前的景色毫无遮拦，它的纱幔被收了起来。落地窗下，有两把椅子，一把老旧沧桑，另一把设计感十足，像是过去和现在正进行着对话。

小雪有一把柔软的木椅，边上是一盏白色的落地台灯，可以在飘着雪的冬夜，窝在这个温暖的角落，听着窗外落雪的声音。小雪房间的床头柜，一看又是主人搜集来的旧物。其实不单单这个床头柜，台灯、电话都是。

一大一小的两个庭院，自然也不会闲着，平时这里会有露天的烧烤、聚餐。又或者在某个夜晚，约上三五好友，在这里来一场彻夜长谈。

生活已经如此的喧闹，何不为自己找一处地方，还原生活本来的样子？

麦芽庭

地址│浙江省杭州市西湖区灵隐支路白乐桥197号

电话│0571-86551779

高分项

品牌活跃度（93.2），

交通便利性（90.0），隔音（90.0）

NIGHT 21

台州——
草宿

一山一水，一村一屋

"来草宿，更像是到亲戚朋友家小住。"张健这样说道。

张健，现在民宿圈里赫赫有名的设计师，从蜜桃小院山舍到 31 间·虚谷 hugo，他把那份自然简约的设计态度，融入度假空间里。

当晖哥找到张健，说想要在浙江台州临海胜坑村开一家民宿时，张健意外地对此很感兴趣。也许是因为做多了城市空间，这样乡野感十足的项目让他热血沸腾。但也许就是最简单的理由：他也是台州人。

片片菜田肆意地生长，总能见着老人们闲坐家门前，一边编织箩筐一边聊天。

除了眼前的苟且，生活还有诗和远方

从选址到建成，草宿总共花了三年时间。三年中，晖哥和水草是那样不疾不徐，一次次在杭州和台州往返。设计师也懂他们，总是陪同过来考察、选址。擅长现代简约设计风格的张健说："为了不突兀，为了融入乡野的恬淡悠闲，从外观的石墙到内部的软装，都是一次重新塑造的革命。"

晖哥是一个技术狂，每当工人们做不出他内心想要的东西，他就选择自己动手制作。老木板拼接的茶几，卫生间的一个门把手，斑驳夯土墙的上色……妻子和儿子也嚷嚷着要帮忙。这样沁透了心血和爱的作品，使用起来心里都会暖暖的。

所有人都会爱上草宿，它是山野和城市生活的一种平衡。你会看到裸露在外的石墙、老木梁结构，你也能触摸到精致的设计师款沙发、吊灯、边柜等家具，这种混搭的视觉效果舒服而高级。

在选择产品时，晖哥和水草不会考虑价格，只看合不合适。在软装过程中，水草更是在每间房都住了一个星期，她说，只有这样才能完善空间的每个细节，让客人得到体贴入微的照料。

在日升日落里，编织家应有的样子

草宿的主人晖哥和水草，原本是在正常轨道里生活的夫妻：大城市、稳定的工作、渐渐长大的儿子，幸福甜蜜。听说他们决定放弃原有的生活，去山里开一家民宿，家人和亲戚坐不住了。何况儿子淡淡逐渐长大，读书和生活总要在城市里吧？

35 岁才和心爱的人遇见，水草全力支持丈夫的决定："我们比别人晚认识十多年了，何必还要聚少离多？三个人在一起，哪里都是家。不必过多富裕的生活，开心和真诚对待每一个日升日落就好。"

而浙江临海胜坑村，其实是儿子的选择。在水草看来，孩子敏锐的感觉是不会骗人的，一个地方的气候、环境是否真的宜居，让孩子住过就清楚了。

事实证明，这个交通不算便利的古村（从临海市区坐车过去要四五十分钟），的确美得犹如山水画卷，毫无商业气息的山野，足以成为诗意栖居、遗世独立的世外桃源。

整个村子不大，雾霭环绕的青山作底，潺潺流淌的溪流为媒，那斑驳的石头老房子就这样和你有了联系。片片菜田肆意地生长，总能见着老人们闲坐家门前，一边编织箩筐一边聊天。

张健喜欢红冰箱、工业风灯具、旧物，
也喜欢把箱子、篮子装饰在天花板上。

把生命浪费在美好的事物上

要问草宿最适合干什么，水草会回答：最适合发呆。

草宿的老客人，会一而再、再而三地回来。有个上海的摄影师 Jeff，每个月都来，对着竹林可以静坐好几个小时，有时候也会阅读、喝茶，仿佛这山林有种净化和沉淀内心的作用。

在这里，开窗不需要很讲究，因为每个角度都能最大限度地感受自然的空灵。在房间里泡澡，欣赏露台外一望无际的碧绿，或是静静地听虫鸣鸟兽叫，把每一颗星星都数进梦里，再随一缕晨光，唤醒一天的生活。

草宿的床品也和普通酒店的不同，水草从小就钟爱蓝色，所以草宿从床品到毛巾，再到装饰的窗帘，都用天然的植物蓝染色。

村子里大片被荒废的田地，被晖哥和水草收了过来，变成自家的菜园子。从此，晖哥和水草就又多了个身份——农民。客人能吃到最新鲜的食材，还有水草的舅舅和舅妈亲手做的面食。

现在，晖哥的日常很忙碌，早上要把儿子淡淡送到市区去上学，放学了要把他接回来，这样来回就有 100 多公里，其间还要去采购食材。水草就主内，平常接待客人，带客人上山下溪地玩，给客人做三餐。味道没有什么地不地道，就是家的味道。而作为新村民的他们，上房顶修补瓦片，帮助村里老人维修家电，都是常有的事。

水草有句口头禅：我们是来过日子，你们是来把日子过成诗。

对于这对夫妻来说，他们不过是在胜坑村造了个家，为了维持生计，顺便接待些客人。离开城市需要勇气，可坚持这种闲云野鹤的生活更需要勇气。好在，这山这水，这种不被打搅、肆意生长的日子，能给人带去足够的力量。

草 宿

地址｜浙江省台州市临海市小芝镇胜坑村
电话｜18157627488 / 13018860707

高分项

景观度（83.3），独立的视觉系统（90.0），
客户满意度（85.0），舒适度（83.3），
管家服务（83.3），人文关系（86.7）

NIGHT 22

杭州——

静庐·澜栅

临走前，带上大山的味道

有这么一个 360 度青山环抱的视野无敌的无边界泳池。浮出水面后的第一口和最后一口呼吸，负氧离子浓度高，PM2.5 浓度低于 35。一年之中，这样的日子，有 350 天。

这个泳池所在的村落，也曾出现在《富春山居图》上，至今仍然是富春江沿岸风光最美的所在。

但这个泳池，还不是静庐·澜栅最迷人的部分。

出其不意，是设计师跟你开了个玩笑

到静庐·澜栅的那日，恰是 6 月末最热的一天。车穿行在青山之中，仍然能感受到，经过层层绿荫过滤后日光的灼热。热到连路边的溪流都流干了汗，无奈地露出肚皮。

民宿的外墙和周围民居是如出一辙的黄泥色，而院落里的夯土墙黄泥黑瓦，却画风一变，时髦得像是艺术设计空间。这样老辣的设计手笔，背后必有高人。这位高人正是静庐·澜栅的主人——室内设计师杜江。

你或许没有听过他的名字，但他或许早已参与过你的生活：在杭州西湖边北山路的秋水山庄，是 2004 年时由他主持修复与还原的，严苛的修复令这座山庄凝固住了时光；你排过队的绿茶、蕉叶、亚洲土地等热门餐厅，都出自他的手笔；他设计了无数"高大上"的餐厅和酒店，许多明星、导演都想找他设计别墅……

屡获国内外设计大奖的杜江，是业内公认的名家，但他为什么要跑到人烟稀少的桐庐深山村落青龙坞，开一家民宿？

为你定制的悠长假期

有人告诉我，设计师会把自己的情感藏在画面里，用设计呈现这个画面，大到一室，小到一椅。

静庐·澜栅的画面，分一日四时。

晨起，院落空气清甜，青砖带凉，可以在院子里散步、游泳，也可以闲坐廊下，眺望远山。

午后，日头正盛，躲进大厅正中的沙发里，可闲聊或者小酌。

傍晚，大厅另一边的廊下，有茶席正面对半片山壁，山间溪水顺势而下，滑进池塘。一池活水，几尾锦鲤，偶尔荡起几圈涟漪，喝茶更有野趣。

入夜，二楼的廊上有烛台在风中摇曳，细小的火光映出深蓝夜空中远山的轮廓。走一步路，点一盏灯，念念不忘，必有回响。

身在屋檐下，便会不由自主依着这样懒散的方式度日，很少有人会意识到，这便是未曾谋面的主人，为你设计的悠长假日。

静庐·澜栅的画面，也分一年四季。

秋冬的主题是火，除了壁炉、火炉、烧烤台，还有地暖。大厅吧台前的那一小块地面，用裁成马赛克瓷砖大小的黄铜片代替地砖，细密地铺满。"黄铜导热快，冬天的时候，这块位置特别暖，脚踩上去，心都会热起来。"

　　春夏的主题是水，门前的溪流，院子里无边际的泳池，后院池塘，借潺潺流水添几分清凉。

　　这样的四时和四季，有自然天成，也借力设计。有情绪，有表达，更有画面感。最棒的是，不带任何侵略性，让人不由自主地就接受并认可了。

　　杜江说，优秀的设计师是能够帮助人们设计生活和创造价值的。"静庐·澜栅是我自己想要追求的理想的生活。"

　　披着乡村外壳的静庐·澜栅，看似大大咧咧，每一个细节的处理却都是严丝合缝的，甚至那些容易被忽视的灯光、隔音，杜江都一一给出了几近完美的处理方案。

给你山水和乡野，也给你自由

粗看之下，静庐·澜栅无非是原木和泥土的组合，古朴、单纯，颇有时光流转的避世感。两幢楼的静庐·澜栅有 7 间房，从卫浴、床垫到灯具、音响，从吹风机、胶囊咖啡机到日本漱口水、爱马仕洗漱套装，都是世界顶级品牌，房间里没有蚊虫，空调地暖运作精准，床品是 80 支埃及棉——这其实与奢靡无关，与舒适有关。

在都市习惯了的生活，到乡间为什么就要降低要求呢？情怀和享乐，从来都不冲突。

莫干山宿盟联合发起人崔盛说过："民宿单靠情怀去维系的时代早已过去了，如何实现服务体验差异化，成了摆在诸多民宿经营者面前的'考题'。"

在这点上，静庐·澜栅的女主人——贞好的观点和崔盛不谋而合。游历过 50 多个国家的贞好也是资深的酒店达人。

乡野中也可以不将就

爱享受的人有福了，在青山绿水之间作天作地，这种感觉特别爽。

在神奇的吧台，不仅可以吃到西班牙的橡果火腿，喝到牙买加庄园咖啡豆

做的手冲咖啡、山崎、白州、修道士啤酒……就连手中的水杯都是日本琉璃工艺世家松德硝子的手工作品。

与天光同色的全景餐厅，提供给你 360 度的山景，刚刚离开水面的溪鱼和带着露水的刀豆。

静庐·澜栅的阿姨很害羞，烧得一手极好吃的桐庐菜，用的是刚刚采摘回来的新鲜食材，但还是会笑着说："没什么菜啊，烧得不好你们将就着吃。"来这儿的客人都特别怀念阿姨包的扁饺子，软糯细薄的面皮里裹着土猪肉雪菜豆腐馅，热腾腾咬开来，幸福得心都化了……

偏居山野的幸福感，来自自然和自由。

静庐·澜栅

地址｜浙江省杭州市桐庐县富春江镇蟹坑口村青龙坞深坑二组
电话｜0571-69968911 / 69900088

高分项

早餐（95.0），整洁度（90.0），热水供应（92.5）

苏州——

隐庐·同里别院

寻一个中式宅院，躲炎夏，避红尘

初夏午后，这一进小院落，里里外外都很静谧。廊下有鸟儿，并不啼鸣，主人应该还在午睡，一应俗事，皆不得搅扰。

原来是 300 岁的旧宅院

到同里古镇的这一天，初夏酷热，走在河岸边，清风流水，凉意自心底起。循着地址，傍着河道走，一路波光粼粼，映得晴空也带水。

要找的这一处宅子，在镇南的三元街，白墙、黛瓦、深灰色门楣，门口挂一块小名牌：同里别院。

隐庐·同里别院是隐庐精品酒店的作品，他们称同里别院为"古迹型酒店"，因为它是依照江南明清民居的风格改建而成的。

房子原是民国二十年（1931 年）建造的宅院，旧日的主人庞元润，字真如，清光绪三十一年（1905 年）被推举为吴江县商会第一任总理，是民国时期同

里的实业家，也是位风雅的儒商。

是的，这座四进三院的小院，已经 300 多岁了。旧宅的内院，是典型的江南殷实人家宅邸，而旧宅里的石库门门楣上的题字也早已模糊了。

最淡泊，也最韵味悠长

隐庐·同里别院的主人，是隐庐的创始人罗丁。他是一位建筑师，一个生意人，也是第一个参加并完成"巴黎—达喀尔"拉力赛的中国车手。在这样反差巨大的多重身份之下，他恰恰就有着最中国、最古典的审美。隐庐·同里别院的总设计师是独立艺术家仲松，同时，罗丁又聘请了青年设计师庞喜承担软装及视觉设计工作。

他们三人共同的想法是，把最美的中国呈现出来。

他们对别院门脸的改造不大，整幢建筑如同洗了一把脸，却还是个眉疏目朗的少年。

前台在入口处右手边，小小一间，有管家会引你绕过照壁，进入内宅。

第一进宅院的二楼，是止语茶室。一只铁制的小小香炉，做成远山重叠的样子，燃起香来，袅袅如炊烟。用炭火煮茶待客，等待水沸的时间，正好慢悠悠聊起来。这里的书画都不是大开合的风格，而是与花草家具融为一体，气度合宜。

一只铁制的小小香炉，做成远山重
叠的样子，燃起香来，袅袅如炊烟。

于气定神闲中，活得飘逸自在

四进三院的宅子，一茶室，一餐厅，其余空间只做了五间房，分别命名为莳花、听松、邀云、望溪和候月。在这里，名字是景，也是每日的消遣时光。

一进院子走进去，如同细细端详一个人。你很难用"颜值高"这种时兴的词去形容这宅院，好像它是停留在几百上千年前的，关起门来，只有 12 个时辰与二十四节气周而复始，永远不会老。

莳花与听松两间客房的面积并不大，床三面围合，是复古的中式床铺设计。床头一小轴字，浅白直接：决定快活。

二进院落以枯山水置景，在白砂石上耙出细细的波纹。黑与白两色，带出几分禅意。

邀云、望溪和候月设计为套房。

在三进四进的院落中，层高挑高之后，更显空间舒朗。中式的骨架，西式的沙发，看起来却格外和谐。关起门来，每一进亦是一个独立的小天地。

供应二十四节气菜肴的中餐厅，应季而食，按人数配菜，蔬菜瓜果，一应河鲜，都只采用最当季的。

隐庐·同里别院公共空间

每一个来到这里的人，都说它是古代文人生活的模样

在最后一进院落中，有一个西式阳台。据说当年庞家已与西方往来做生意，却不想大肆张扬，只在内院中设计了阳台，闲时请评弹艺人来献技。

如今的隐庐·同里别院，也恢复了这一生活场景，常常邀约评弹艺人前来表演。明净的月色之下，听弦琶琮铮，轻清柔缓。主人罗丁想还原一种很中国的雅致生活。

晨光熹微时，焚起一炉香，在院落之中，跟师傅练一段太极。晌午时分，赏一曲《牡丹亭》。午饭后，与朋友对饮一盏茶，细赏一枝花。入夜，入席，品一品姑苏时令。

如此，快活。

这一天的黄昏时分，去镇上转了一趟再回来，夜色已深。隔河相望，隐庐·同里别院门牌上的字已经亮起来，明而净的灯光也已经在四处点亮。

"一回相见一回别，能得几时年少身。"人事易老，宅院其实也是。趁得时光正好，不来同里走一遭吗？

床头一小轴字，浅白直接：
决定快活。

隐庐·同里别院

地址｜江苏省苏州市吴江区同里镇三元街66号

电话｜0512-63319981

高分项

建筑设计感（97.5），独立的视觉系统（90.0），

室内设计感（90.0），客房服务（85.0），人文关系（85.0）

NIGHT 24

莫干山——
颐园

木心的《竹秀》，写的是颐园的味道

颐园，一年至少应该来四次。

春天，银铃池边，杜鹃花开成一团红云时，你该来；盛夏，山中无处不清凉，暑气尽在绿荫外，你该来；寒冬，大雪封山时，在银装素裹的冰雪世界里徒步，上山来围炉煮酒，你该来。

最美的，可能是秋天。石阶上落着一层绯红的枫叶，而桂花的香气飘散开来，恍若仙境。

颐园现在的主人夏雨清，正是被秋天的颐园迷住的。

那是 2000 年，他租下了颐园，花了 30 万元重新装修。那一年，杭州的房价两三千元一平方米，30 万元足可买下一套 100 平方米的好房子。

夏雨清没学过设计，全凭感觉做"减法"。把杂七杂八的违章建筑都拆去，把内部乱隔的 17 间房打通成 5 间。租时的 700 平方米，弄好实际只剩下 500 平方米。这听起来自然是傻事。

自此之后，三天城中，四天山上。菜是院子里种的，从土里到嘴里，不过十几分钟，女儿夏夏就在身边，逗狗、逗鸟、弹钢琴，院中的桂花树，一半花落，一半被夏夏采来做了糖桂花。

颐园，恰是他想要的，半隐生活。

莫干山最早的一家民宿

建于 1930 年的颐园，墙体的石头被岁月磨得一年比一年更有味道。

像《飘》中卫希礼住的"十二颗橡树庄园"，郝思嘉和白瑞德第一次相遇的地方。

老式的木格子窗，重刷了白漆，还用着旧时的插销；薄薄的白轻纱掩着，窗外一片透绿，隐约可见华厅的红砖碧瓦。

初见时觉得，颐园像一个少女。青涩的，初长成的，初恋样子。白纱掩着的景是少女的胴体。

颐园变成民宿是 2006 年，英国人马克在山里开了家咖啡馆，叫 The Lodge。外国人多喜欢冬天来莫干山，没地方住，马克就把客人往颐园带。那时颐园是山上设施最好的房子，也成了莫干山最早的一家民宿。

那些年，高天成还没遇到裸心谷，司徒夫也还没造法国山居，他们来莫干山，便也在颐园住。

2013 年，颐园再次改造升级。虽然加了一间房，现在是 6 间，但实际还是在做"减法"。外观还是 80 多年前的模样，加了暖气片，又把民国时的壁炉给恢复了。

那时候的夏雨清，可能并不知道这次改造正好赶上莫干山民宿爆发的前夕，他纯粹为了方便朋友来时围炉夜话，喝酒聊天。

来的朋友中陈丹青是其一。那天是个月夜，月光穿过叶子，照着竹径，走向下榻的颐园，陈丹青有种掩不住的兴奋："木心先生的《竹秀》写的就是这种味道。"

张小娴也是其一。不过她中午到，傍晚回，行程匆匆。因为没想到山中会如此美好，行程已定，衣物未带，只能在文中遗憾感叹："下回再来，到时候要住上一两天。"

莫干山有很多每个房间都充满设计感的民宿，颐园的主人对这栋房子做得最好的事情就是：不设计。

"老房子就让它老派，年代感是它最好的面貌。"这是常客"地主陆"说的。

这些年，莫干山越发红火，有人说这里越来越像"彼得梅尔的普罗旺斯"，而现在这片普罗旺斯上已有近千家民宿。

它们不会随着时光老去

设计师戚山山第一眼看到颐园，感受到的是豁达而平静。

外观颐园，只是古朴简单的石头勾勒，面对那些百年的山茶，百年的桂树，房前屋后悠远的山林，对面金碧琉璃、飞檐画角的华庭，它没有一丝怯意，反而用稳重且蓬勃的气韵，把一切山色都包容进来。作为建筑师，山山最欣赏的就是颐园与自然之间咬合的状态。

进入内里，颐园也是朴实的平和、寡言、温柔。从 1930 年，到 2018 年。

"颐园最好的设计是不添加设计。"一瞬间，山山便读懂了它。

说是不设计，其实在设计上花的心力更多。"整个设计就是梳理。梳理什么呢？梳理出一种平静，也梳理出颐园自身的文脉。"

没有设计的设计，其实是在精心搭建每一处生活场景。拿捏尺寸，包括每一束光和每一处景。山山说，颐园的家具一定是可以和她对话，也在相互对话的。

"它不需要过多的辅助器物去修饰，也不需要各种让你咋舌的设计，而是让空间中的每一处角落都去自然地营造氛围。越是看不见的设计，越是难的设计，但它可以把控整个空间的气韵。"

山山觉得，颐园的气韵来自于独特的人文气息。

书，是这儿的主角。颐园的每一处都有书的身影。身处其中，全是想伏案读书的念头。

这种人文的气场，是颐园本就有的姿态，你可以以一种舒适惬意的状态去品味。山山说豁达与平静，不是被培养出来的，而是与生俱来的。

它没有特意去呈现某种文化属性，却达到一种恰到好处的平衡。包容万象。

是夜，在书房读了会儿书，夜深人寂，窗外全然黑了，只有风来时树叶沙沙响，不知名的虫儿在叫。台灯的光正好。旁边有咖啡机，但坐在书桌前没想动弹。

直到此刻，我才领略到木心先生《竹秀》中"白昼一窗天光，入夜一枝烛，茶也不喝"的意境。心中击节赞叹，心想陈丹青先生确实了得，只一眼便明了。

幸好，1930 年的颐园还在

一天，夏雨清在山下遇到了颐园的建筑师——郑生孝，他那年 95 岁。

郑生孝是山上郑远记营造厂的少东家，据说全盛时，莫干山一半的房子都出自郑远记。1930 年造颐园，郑生孝刚刚 20 岁，这是他独立营造的第一栋房子。

富商潘梓彝带他去上海的十里洋场观摩，回来他就造了颐园。石头在庾村取材，由人工一块块砸平，颜色、大小不一，造成房子却很有味道。

夏雨清发了一条朋友圈：穿过迷雾去汲水，泉在莫干山顶，据说来自 72 年前的一场雨。做不了民国人，我还能煮一壶民国水，泡一杯莫干黄芽。

他说，民国风流，那是文人最好的时代，但已经结束了。

幸好，1930 年的颐园还在。

颐 园

地址｜浙江省湖州市德清县莫干山风景区92号

电话｜0572-8033362

高分项

早餐（95.0），客房服务（90.0），

客房摆设（86.7），餐饮（91.7）

NIGHT 25

莫干山——
蕨宿

自由之心，如蕨草般自由生长

新买的鞋大了，将就一下垫个鞋垫就穿了；赶着上班来不及做早餐，将就一下路边买个包子就吃了；年轻的时候没有积蓄，将就一下租个房子日子就过去了……生活中有很多事情可以将就，唯独啊，人生和他，不能将就。

到蕨宿的那天，空气闷湿，天空在酝酿一场大雨。门口一位 40 多岁的男士在割草，他亲切地跟我打招呼："我这位雇员工作可还算认真吧？"吃午饭时才知道，他就是蕨宿的男主人，淡水的丈夫。

雨说下就下，锦鲤们躲到石阶底下避雨了。淡水拉着我进屋避雨，倒了一杯薄荷红茶。

这里是淡水平日里迎接四面八方朋友的地方，透过高大的落地窗，莫干山的景致一览无余。几盏球形的玻璃吊灯错落有致地垂下来，呼应着淘来的复古木箱茶几。

若是冬天过来，烤着壁炉想来是极暖和的。淡水端出刚出炉的葡萄干面包，要我尝尝她的手艺，用的料是天然的，奶香浓郁，好吃。

瞧这怒放的生命

蕨宿坐落在莫干山仙潭村碧坞的半山腰上，依山而建，坐北观南，拥有超美的山景。为什么起蕨宿这个名字？淡水聊起了她和这幢小屋的"前世今生"。

她告诉我："1993年我参加工作，在开蕨宿之前，我的身份是国家公务员。这是铮铮响的铁饭碗，但于我来说，也不过是食之无味的东西。

"于是我问先生，如果我辞职了，你养我吗？先生说，放心吧，富贵我给不了，饭总是有得吃的。"那位先生，就是刚才在院子里割草，自称是廉价长工的人。

有了爱人的支持，淡水鼓起勇气辞去了公务员的工作，在不惑之年开始追求自己的梦想，开始了如同蕨草般恣意生长的生命，虽然渺小，却很强大。这才有了蕨宿。

"走，带你瞧瞧我小小的梦想"

我跟着淡水上了长长的楼梯。二楼是一个多功能公共区域，可以在这里喝咖啡、看书、与好友玩玩桌游、处理工作等，旧木梁与简约的新家具和谐相处。

通往二楼的房间有一条玻璃长廊，外面是莫干山的绿树摇曳，美极了，时不时会有蝴蝶停在玻璃上和你打招呼。落地窗前，面朝山景的大浴缸，等日出或是日落，可以泡澡看美景。

品月是一间 Loft 房，上下两层都有床，三四个好友一起住都没问题。盘腿坐在飘窗前，听着音乐喝着茶，转头再看两眼山景，整个人都好放松。

至味在人间

蕨宿的餐厅在 2 号楼，淡水告诉我，土豆是朋友自己种的，她平常闲来无事也爱上山挖挖笋。

烘焙房是她的秘密基地，不说虚的，她的纯手工蔓越莓曲奇饼干即使接连吃光两盒也不想停下来。

天色渐黑，夜晚的蕨宿更加幽静美妙。淡水邀请我和她的几个朋友一起参加户外烧烤聚会。在烤火休闲区域，淡水首次尝试了烤比萨。

回到温泉房，泡着温泉喝着红酒，然后一夜好眠，直到阳光把我叫醒。

晨起，阿姨给我端来热粥小菜，为昨晚的胡吃海喝清一清肠胃。

生活从来就没有尽善尽美的收尾，只能在自己力所能及的范围和程度内，再努力一把，试试看有没有更好的可能。如果不想要一眼就望尽的人生，首先就不要怕面对你的人生。

蕨 宿

地址｜浙江省湖州市德清县莫干山镇仙潭村碧坞
电话｜17774152669

高分项

舒适度（82.5），客房摆设（85.0），管家服务（85.0）

NIGHT 26

丽江——

康藤·格拉丹

广袤辽阔的草原上，成片的牛羊之中，散落着十几顶帐篷，那就是康藤·格拉丹帐篷营地。

在海拔 3600 米的乌托邦草原，伸手摘星

"云深不知处，路尽见康藤。"康藤·格拉丹不是某个名人、某处景点，而是帐篷。

去康藤·格拉丹的路，特别漫长坎坷：在丽江机场下飞机，先是大巴后是吉普车，三小时后再换越野车，继续颠簸一个多小时，至全身均匀布满了微闪的云母石碎尘土，才到了目的地——格拉丹草原。

广袤辽阔的草原上，成片的牛羊之中，散落着十几顶帐篷，那就是康藤·格拉丹帐篷营地。

这世上最接近天堂的地方

若是在 6 月至 8 月间来，格拉丹草原恰是花的海洋，尤其是 7 月的鸢尾花，把草原染成深深浅浅的梦幻紫。傍晚的草原越发绚烂，整片牛羊甩着尾巴低头吃草，流动的云被落日霞光染得嫣红……

海拔 3600 的格拉丹草原，被称为"丽江最后一片净土""高山上宁静的乌托邦"。这里是彝族和普米族世代繁衍生息的家园，至今他们依然保留着各自古老的传统习俗、耕作方式和畜牧习惯。

在最接近天堂的草原上，康藤·格拉丹的气质也披上了古朴而原始的神秘色彩。诞生于 2013 年的它并不是普通的牧民帐篷，而是令全球野奢爱好者心心念念的胜地，是世界上海拔最高的野奢帐篷营地。

康藤·格拉丹的 17 顶帐篷，都踩着高脚木桩，原始林木和特质帆布勾勒出外观简洁、极具朴素美感的帐篷造型，与周围环境毫不违和。

其中 7 顶是客房组合帐篷，以为在草原上就要委曲求全的念头，在走进房间的瞬间就被抚平了。考虑到地处高海拔地区，每顶帐篷均采用了四层保温隔热材料，配有地暖；除了配有卧室、浴室、独立客厅，有的帐篷甚至还配有书房；所有家具都采用全天然高科技环保材料；内饰设计还特别使用了有当地特有的彝族和普米族起居文化的火塘元素；360 度全景观卫浴间配备了舒适便利的设施，还有环保有机洗浴产品……

请给风景多一点时间

辽阔，是康藤·格拉丹给人的第一感觉。在 50 亩大的营地里，康藤·格拉丹的每顶帐篷都几乎享受着超过 2000 平方米的私家草甸。

独一无二的视野，是康藤·格拉丹最惊艳的部分。伫立在营地高处放眼望去，山川河流绵延不绝，美景尽收眼底：隔着著名的长江第一湾，玉龙雪山的雄伟巍峨直逼而来；西南面则是拥有令人震撼的丹霞地貌的诺玛底大峡谷；背面可以遥望美丽的香格里拉和矗立在滇藏边界的梅里雪山……无处不在的风

景，带来一种非常奇妙的体验。

餐厅装有 360 度全景落地窗，满足你在夕阳下享受美食的梦幻念想；森林 SPA 馆在最蓝的天空下，放松你的每一寸肌肤；露天的瑜伽台，使你感受清晨的霞光，体验大自然的力量；还有一望无际的牧羊人高尔夫球场、触手可及的银河星空……

就算什么都不做，静静躺进草地、花海，聆听身边细微的声响，看着牛羊旁若无人地吃草，这时你只想给这片天空多一点时间，多等一等，从第一道晚霞开始，等到第一颗流星划过……

康藤·格拉丹

地址 | 云南省丽江市玉龙县老君山国家公园
电话 | 18869059490 / 13378884907

高分项

旅游目的地（100.0），景观度（100.0），
独立的视觉系统（93.3），舒适度（100.0），
隔音（100.0），管家服务（93.3），
本地产品开发（93.3），本地线路开发（93.3）

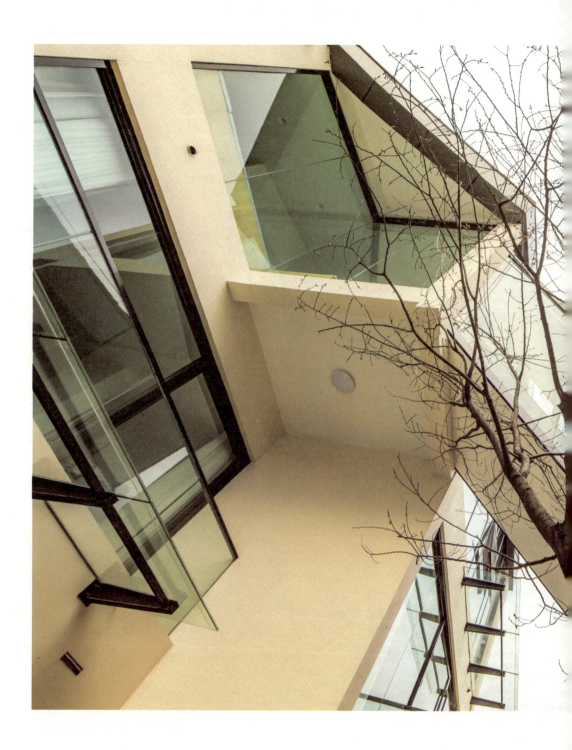

西塘——

饮居·九舍

沉溺于乌篷船的浅吟清唱，待船橹摇到江南人家

　　天色才蒙蒙亮，水乡柔软的时光便从河流开始慢慢苏醒。乌篷船上的老师傅最有精气神，摇着船橹哼着歌，激起浅浅水波，拍打着岸边的青石板砖。

　　这里的烟雨、石桥、乌篷船、长廊是山山再熟悉不过的风景，西塘的千百条巷子，都藏着她的眷恋。

人居住在这里，没有一处空间是完全封闭的，人们在透明的空间里居住、交流，也和四处的景观对话。

给冰冷的钢筋水泥加一点点温度

戚山山在美国和欧洲学习和工作了近 15 年。她本科时在哥伦比亚大学就读，师从诸多建筑大师，后在哈佛大学设计研究生院继续深造，起初被选派到伦佐·皮艾诺事务所（RPVW）工作，后又到英国诺曼·福斯特事务所（Foster and Partners），成为驻纽约的中国事务负责人。

2013 年，山山决定回国，创办了自己的建筑工作室 STUDIO QI。STUDIO QI 位于杭州老和山脚下，由电影厂房改造而成。

"建筑是思考，是在冰冷的钢筋水泥之间，找一点点温度。"

在西塘镇北端，塔湾街的边界处，有一座废弃的小型乡镇厂舍，与老镇肌肤相连。山山看上了这座连在古镇建筑群落边缘的厂舍。

念念不忘，必有回响。阔别多年，山山终于回到了原点，她要去那片温柔的水乡里，重塑群居生活，一种能发生故事、产生情绪、吟唱歌谣的生活，真正快乐而多变的生活。

群居最好眠

2016 年，经过反复的设计推敲，施工磨合，一个拥有 9 个房间、多个体验空间的建筑聚合体诞生了。山山给它取了个温暖的名字——"饮居·九舍"。

美宿不止于居住，山山将艺术空间理念 ART-STAY 模型引入饮居·九舍：植入新锐艺术现象，关注当下社会艺术运动，既有复合旅宿的关怀，又是一个交流生活美学的开放式场所。

建筑之间以上下、左右错落的方式来表现空间节奏感，形成荫处、阳台，以及巷和廊。庭院串联起建筑，这里有无限接近自然却疏离错落的空间。

人居住在这里，没有一处空间是完全封闭的，人们在透明的空间里居住、交流，也和四处的景观对话。

沉醉不知归处

饮居·九舍的三个公共空间和6个私密空间，都被赋予了特殊含义。

三个公共空间分别命名为"左相""汝阳""知章"，用以纪念《饮中八仙歌》中的三位酒仙——李适之、李琎、贺知章，拥有着饮居·九舍最好的视线和位置。

茶室取名"知章"，渐高的楼层空间，通透的落地大窗，视野随着茶香不动声色地变换。餐厅取名"左相"，茨实糕、荷叶粉蒸肉、麦芽塌饼，都是小时候的味道，好吃、难寻。棋牌室取名"汝阳"，以棋会友，放纵喜乐，偷得浮生半日闲。

石板相连的是饮居·九舍的私密小院，是咖啡馆也是展览厅，庭外竹影浮动，庭内相谈甚欢。

6间客房，分别以自春秋以来不同年代载入史册的名酒命名："椒浆""桑落""新丰""屠苏""曲生""文君"。6间都是套房，有独立的庭院或阳台。一颗度假的心需要空间，越大越好。清晨的阳光层层折射后洒进落地窗，恍如镜中。简约的黑白线条，更映衬出西塘水乡的趣味。

地下室一半用于藏酒，另一半装了吧台、沙发、座椅、音响设备，是个多功能活动室，每处转角都留有惊喜，适合喜欢群居的人。

现代设计与千年古镇巧妙地融合在眼前，书写了一种情怀。倚在窗边，沏一壶茶，看帘外雨潺潺，春意阑珊。岂不悠哉？

饮居·九舍

地址｜浙江省嘉兴市嘉善县西塘镇塔湾街39-2号

电话｜0573-84660000

高分项

灯控（91.0），交通便利性（84.0），
独立的视觉系统（88.0），建筑设计感（96.0）

青岛——
朴宿·微澜山居

芳兰振惠叶，玉泉涌微澜

远山近海的问候，扑面而来

在著名风景区里寻找鲜为人知的好风景，是我一直以来乐此不疲的事。

对崂山的印象来自……白花蛇草水？会穿墙的道士？趁着 5 月天气尚好，游人不多，我悄悄溜到这片山海相连之地。初识微澜山居，就被那句"住到心境荡漾的地方"毫无原则地迷惑了。

去往朴宿·微澜山居的路上，一边是碧海连天，惊涛拍岸；另一边是青松怪石，郁郁葱葱。崂山仰口，山林包裹茶园，茶园深处那个清秀的小院子就是目的地。

小院不华丽也不"高冷"，和山间茶园融为一体，低调地隐藏在山海间。

只需站在二楼，就可以把远海近山一同纳入眼帘，女主人刘喆说，这里适合诗意地栖居。

人与自然的诗意栖居

整间房舍掩映在郁郁葱葱的树木里，你在这里很容易就放松下来，喝茶、看书、放空、冥想。去茶园采叶、炒茶也是一种消遣。不过，你别指望自己做的茶真的能喝，还是乖乖喝主人备好的茶吧。

室内室外，木头、石材被大量采用，在周遭环境中显得自然温和。

最棒的是空间感，坐在顶楼全透明的落地玻璃茶室里，空山鸟语就在身畔，特别有趣。为了获得更好的视野，朴宿·微澜山居大部分采用落地窗。树荫过滤掉太猛烈的日光，洒进房间里的，都是温柔的光线。

热衷泡澡的人一定会爱上这个全景落地窗大浴缸的房间，视线平视出去是森林的上空和远处的海平面，又霸气，又浪漫。

朴宿·微澜山居之名取自晋陆机《招隐》中的诗句："芳兰振惠叶，玉泉涌微澜。"微澜，是水面拂动的风景，也是一种心境。

这里可避滚滚烟尘，在三丈红尘之内，和世界若即若离，住到你心旌荡漾。

在素雅的餐厅，我本意是想吃几天素。谁知道，主人说，不如试试我们的招牌大锅蒸鲜，锅底是土生土长的崂山土鸡，蒸屉上是青岛当地的特色时令海鲜：海蛎子、扇贝、鲍鱼、海螺……

朴宿·微澜山居

地址｜山东省青岛市崂山区仰口风景区检票口附近
电话｜400-050-2515 / 400800707

高分项

品牌战略（84.4），遮光度（90.0），区域影响（88.9）

POSTSCRIPT

编 后 记

2017年4月16日，我们在杭州办了一场"时间的灰烬：中国民宿榜&行业趋势发布会"，评选出了中国民宿TOP50。

这本书即是对TOP50的又一轮精选。

在这里，我要感谢所有参与"中国民宿榜"评选及发布的同事和前同事。对于榜单的制作和统计，李鸣、叶之怡贡献良多。

本书选入的28家民宿，文字由江水、胡怡、马立焘、方忆蒙、汤露莎、邬东波编撰，部分图片由王宁拍摄，他们的出色成就了本书。

特别感谢宣佳丽，是她直接促成了本书诞生，也感谢参与前期编辑工作的戴璇。

夏雨清

图书在版编目（CIP）数据

世间所有的无眠，都是因为睡错了风景 / 夏雨清
主编. — 杭州：浙江大学出版社，2018.7（2018.11重印）
ISBN 978-7-308-18419-9

Ⅰ．①世…　Ⅱ．①夏…　Ⅲ．①旅馆—介绍—中国
Ⅳ．①F719.2

中国版本图书馆CIP数据核字（2018）第147303号

世间所有的无眠，都是因为睡错了风景

夏雨清　主编

策划编辑	顾　翔	
责任编辑	杨　茜	
文字编辑	马一萍	
责任校对	仲亚萍	
装帧设计	VIOLET	
出版发行	浙江大学出版社	
	（杭州市天目山路148号　　邮政编码　310007）	
	（网址：http://www.zjupress.com）	
排　　版	杭州林智广告有限公司	
印　　刷	杭州钱江彩色印务有限公司	
开　　本	710mm×1000mm　1/16	
印　　张	22	
字　　数	196千	
版 印 次	2018年7月第1版　2018年11月第2次印刷	
书　　号	ISBN 978-7-308-18419-9	
定　　价	59.00元